소금꽃 향기

소금꽃 향기

양윤형 시집

세종출판사

| 시인의 말 |

다섯 번째 작품집을 내고 벌써 6년이라는 시간이 흘러버렸다.

오래 전 해 저무는 소금밭을 바라보며 바닷물이 바닷물을 먹고 있는 염전을 바라보며 가슴 설렌적 있다.

부산에서 자란 내가 해양에 관한 글을 쓰고 싶었다.

이번 작품에는 2년간 나의 신혼 시절을 보낸 남해 지족리에서의 생활담도 그려져 있다.

그 또한 그리움이다.

2025년 10월을 보내며

| 차례 |

시인의 말 / 5

1부 바다를 낙찰하다

13 • 둥근 것들에 대하여
14 • 아버지와 아들
16 • 날치의 일탈
18 • 절망의 바다에서
20 • 묘박지에서 생긴 일
22 • 봄 바다 2
23 • 알래스카의 물소리
24 • 오늘 저녁엔 뭘 먹지
26 • 습관처럼
28 • 브라보 오 선장
30 • 내 이름은 간재미
32 • 태평양을 낚시하다
34 • 어부로 살아가는 일
36 • 만남
38 • 항해, 북태평양을 향하여
40 • 두 얼굴
42 • 바다를 낙찰하다
44 • 서해의 갓길에서
46 • 유년의 다락방
48 • 토란 밭에서

2부 봄 에는

- 51 • 강가의 이른 봄
- 52 • 흑산도 홍어
- 53 • 비 개인 날
- 54 • 봄에는
- 55 • 아브 압달라여
- 56 • 석골 계곡 물소리
- 58 • 가족 2
- 60 • 겨울 피조개잡이
- 62 • 고래
- 63 • 태풍 끝을 지나다
- 64 • 삶이 히기질 때
- 66 • 해풍이 만들어낸 화원
- 68 • 멸치떼 몰려오면
- 70 • 어느 하루
- 71 • 근기根氣
- 72 • 호박넝쿨
- 73 • 눈살이 짙은 9월의 바다
- 74 • 골목
- 75 • 여기는 25시 1
- 76 • 여기는 25시 2

3부 남해 지족리

- 79 • 을숙도 가는 길에
- 80 • 실치를 품은 장고항
- 81 • 비금도 섬초 부부
- 82 • 변산반도에서
- 84 • 남해지족리 1
- 86 • 남해지족리 2
- 88 • 남해지족리 3
- 90 • 남해지족리 4
- 92 • 남해지족리 5
- 94 • 남해지족리 6
- 96 • 굴 까기 수업
- 98 • 바다의 자식
- 99 • 가을 바다
- 100 • 버뮤다 근해를 투망하다
- 102 • 스페인 론다
- 103 • 포르투갈 로까곶 2
- 104 • 깃발
- 105 • 낙엽 2
- 106 • 그대, 낙엽이 되려오

4부 할머니의 줌치

- 109 • 겨울로 가는 길목에서
- 110 • 물건리 방조어부림
- 111 • 용산 전망대의 가을
- 112 • 행운의 열쇠
- 114 • 콜럼버스는 아직도 항해중 2
- 115 • 목젖으로 항해 해오는 바다
- 116 • 널배
- 117 • 북극, 어머니 가슴
- 118 • 해금강의 아침
- 119 • 그녀가 행복할 때
- 120 • 소금꽃 향기
- 122 • 오대양의 갈증
- 124 • 해남 공룡 화석지에서 2
- 125 • 패랭이꽃
- 126 • 기억하나 소환하다
- 127 • 나의 삶 나의 문학
- 128 • 두메 쓴냉이꽃
- 129 • 찔레장미와 매미
- 130 • 할머니의 줌치
- 131 • 겨울 밥도둑을 찾아가다

- **작품해설 | 박정선** / 133
  인간에 대한 연민과 생의 본질에 대한 사색

1부
바다를 낙찰하다

둥근 것들에 대하여

우리는 둥근 두레밥상에 둘러앉아
오목하게 밥을 먹었고
둥근 얼굴 푸른 이마에
둥근 마음 심어보려
동공 속에 맑은 눈물 둥글게 담았었다

회색의 고독도
가슴 아픈 매듭도
둥글게 둥글게 풀어보려
바람 앞에 애간장 굴려가며
까치발로 살아왔다

그늘진 거리에 꽃피우는 해처럼
거친 산등성이
등불 켜는 달처럼
사랑은 둥글다고
사랑은 둥글다고 읊조리며
바람을 공글리며 살아간다

아버지와 아들

하루에 딱 한 번 오는 배가
뭍에서 보내온 소식과
생필품을 내려놓고 다음 포구로 떠나고
이제 더 이상 찾아올 사람이 없는데도
노인은 선창에 망부석처럼 앉아 있다

평생을 텃밭 같은 바다에서 살아온
노인의 눈 속에 살고 있는 바다
젊은 날 하루에도 서너 번
천당과 지옥을 오가며
몸으로 읽었던 바다
별을 만나고 일출을 만나며
만선으로 뱃머리에 오색 깃발을 꽂고 풍장을 치며
선창으로 들어오곤 했던 추억
이제는 늙어 두려워진 바다
바다가 깨어나기 전에
거기로 나간 아들을 기다리는 손끝이 떨린다
가슴 졸이며 햇볕에 반짝이는 바다만 바라보다
눈 끝 주름이 올라가며 밝아진다

아들의 배가 들어오고 있다
어창에서 팔딱거리는 숭어를 그물에 옮겨 담는
자신을 쏙 빼어닮은 아들은
바닷속을 읽어내는 눈빛까지 닮았다

진종일 지치도록 기다린 것은
어쩌면 지난날
자화상을 만나고자 한 것이 아니었을까

날치의 일탈

새처럼 날아다니는 날치
햇살에 은색 날개를 번쩍이며 물수제비를 뜨거나
바람 부는 날이면 파도타기를 즐긴다

가슴을 펴고 활강할 때 찾아오는 오르가즘
비와 바람이 찾아와주기를 기다리며
빗줄기를 타고 저 신천지를 향한 집념
수면 위를 전속력으로 달리다가
바다를 뚝뚝 흘리며 어느 순간 비상한다
언덕에서 박차오르는 글라이더처럼

좀 더 멀리 날기 위하여
어릴적부터 단련해온 지느러미
비바람 치는 어느 날
빗줄기를 잡고 높이 날았지
황홀한 순간이었어, 그렇지만
아차, 착지가 잘 못 되어
갑판 위로 떨어지고 말았다

자랑스럽던 지느러미가
이토록 원망스러울 수가
투명한 전신 갑주 위로 뜨거운 선혈이 흐르는 참담함
허무의 경계 너머 창공을 향한 도약이 굳어 가고 있다
내가 바라본 마지막 하늘
천둥 번개가 거세어지는 것을 보니
토르의 심판인가 보다

절망의 바다에서

파도의 들숨과 날숨을 헤아리며
메인라인에 삼천 여개의 낚시를 매달았다
운이 따르지 않으면, 입질로 끝나고
한 마리도 걸리지 않아
파도만 허망하게 건져 올린다

햇살은 물고기 비늘처럼 찬란하지만
낚싯줄은 엉클어져 밤새 잠잘 일이 아득하다가도
텅텅 빈 어창에 바다를 꽉 채워 넣었던
적도 근해에서의 행운을 생각한다
백 여마리의 다랑어를 건져 올렸던 그날의 풍어
바다의 오장 육부를 뒤적이듯
긴긴밤을 거물로 엮는다

다랑어 연승선에 두 번만 어창을 채우면
일 년이 훌쩍 지나가는 선상에서의 시간
어부의 물 발자국을 향한 상념이 짙어지는 밤이다

바다의 때가 나에게로 강해지는 날
만선의 깃발을 펄럭이며
개선장군처럼 귀항할 날을 꿈꾸며
쥐죽은 듯 조용한 대양의 밤하늘
별을 하얗게 깁고 또 깁는다

묘박지 에서 생긴 일

말레이시아 지금은 몬순 시즌이다
해안가에서 싣고 온 모래를 배에 옮겨 실어야 하는데
삼일 연속 천둥을 동반한 기상악화로
장대비 종일 퍼붓는다

기상이 좋아지기를 기다리는 닻
바다 밑에 가라앉아 정박 중이다

이 지역 하역 인부들이 선승하여
눈썹 위에 집어등보다 뜨거운 불을 밝히고
밤새워 낚아 올린 오징어가
빨랫줄에 빨래가 널리듯 널리고
줄줄이 드러눕는다
모래판을 기다리는 틈새 반란이다

큰 대물을 끌어 올렸다
황새치란 놈이 나타났다
날 새운 칼로 회를 치고 초밥으로 스테이크까지
대양의 파도가 아무리 거세어도

갑판 위에서 어지럽도록 흔들리면서
황새치 배꼽살에 꼬리까지 아작거리고 나면

모래는 눈에 씹히고

봄 바다 2

도다리 한접시에
소주잔을 기울이다 보면
살아온 날들이 촉촉이 가슴을 연다
이와 이 사이에서 맷돌질하듯
꼭꼭 십히는 도다리 살점처럼
찢기고 눌린 지난날이
그래도 꽃이었고 삭풍이었고

그 속에서 반짝이는 언어의 살점
일몰에 주섬주섬 챙겨 본다

성큼 눈앞에 다가선 그대
비어있는 앞자리에
그대가 살포시 앉는 소리
아, 봄 바다 파도소리

알래스카의 물소리

인간의 생존이 지핀 불에
빙벽이 무너지고 극해의 시름이 깊어만 간다

빙하에서 불어오는 매서운 칼바람과
얼음알갱이 연방 무너지는 소리 속에서
어깨를 으쓱거리고 걷는 펭귄의
유유자적함과 늠름함

고단한 일상의 삶 속에서
삶이 막막하게 느껴질 때
수시로 부서지고 깨어지는 얼음 위를
묵묵히 걷는
펭귄의 모습을 떠올린다

푸른 고래의 이야기이거나
백야나 신비의 오로라가 출렁이는 밤의 이야기 속
유빙을 타고 흐르는
막막한 화두 하나 거머쥐고
놓았다 폈다 해보지만
만년설의 삭음이 토해내는 물 소리

찬란하고 무한한 빙하의 세계를 염원한다

오늘 저녁엔 뭘 먹지

박 선장은
중국 징탕 항구에 입항하여
화물을 내리고 출항했다가 다시
삼일만에 징탕 항구에 도착했다

아침에 보니
배의 선수 기둥 맨 위에
물고기 한 마리가 망망대해를 내려다보고 있다
하늘에서 떨어졌을 리도 없고
물고기가 저 높은 곳을 날아올랐을 리도 없으니
갈매기가 저녁거리를 기둥 위에 올려놓았나 보다

갈매기는 어디서 들었을까
반건조 생선이 맛나다는 것을

바다 위 모란꽃 속살 같은 석양을 바라보다가
저녁에 뭘 먹을까
인도네시아 갑판장이
*미고랭을 내어놓는다
세계 라면대회에서 일등 했다고 자랑하며…

햇살과 해풍에 잘 구워졌을
갈매기의 생선과 박 선장의 미고랭
박 선장은 장어 요리를 즐긴다
갑판장은 장어 요리를 할 줄 모른다
미고랭 위로 저녁노을이 양념장어처럼 내려앉는다

*미고랭 : 인도네시아 식 국수 볶음

습관처럼

산등성이에 조개껍질 닮은 움막 하나에는
할머니의 노래가 흐르고 있다
괭이갈매기 소리에 하루가 밝아오고
계절마다 맛이 다른 바람이 머무는 마당에 나가
습관처럼
담 밑에 햇살을 가르고 박씨를 심었다

후박꽃이 피고 후박꽃이 떨어지고
팔십 평생 수십 번 만난 태풍에
바다의 혀가 뒤집혀도
해심엔 산호가 찬란하게 피고 있음을 알아
습관처럼
태왁을 메고 나섰다

사시사철 바람이 멱살을 잡고 흔들어도
움막엔
물물이 밀려오는 먹거리 미역이며 톳이며
홍합 거북손 반나절이면
습관처럼
망사리에 한가득 누웠다

그 터엔 옹달샘 하나 있어
계절마다 먼 나라를 넘나드는 새들의 정거장이라
손에 물이 마르면
습관처럼
등대가 가르쳐 준 바람의 노래를 불렀다

무리지어 피어나는 유채꽃이나 핏빛 같은 동백꽃
사철 날아드는 새들의 날갯짓 소리
사락사락 쌓여가는 눈 속에서
벼랑을 돌아 달려오는 파도 소리도
습관처럼 일상이다

습관처럼 부르던 그 노래가
한恨이었다는 것을
격렬비열도의 삶, 아낙의 슬픔이었다는 것을
할머니의 비문에서 읽는다

브라보 오 선장

오랜 선상 생활에서
그리운 것은 채소밭이다
싱싱한 녹색을 보고 싶은 욕망이 싹트면
돌아갈 시간이 가까이 온 것이다

오 선장은
선원들의 뭍으로 향한 그리움을
엷게 하는 비법을 알고 있다
선상의 한켠에서 키운 오이 두어 개가
향수를 마법처럼 씻는다는 것을

설령, 억지로라도 씻어진다는 것을
오이를 한입 크기로 잘라
두어 개도 돌아가지 않을 몫

운반선과 접선하면 해갈될 일이지만
오 선장의 낭만을 통해
그리움의 둥지를 틀던
왜소한 마음이 떨쳐 나가기를

내일은
물고기 떼를 향해 투망을 서슴치 않으리라
그리운 흙이 키워낸 녹색의 마음 붓질로

내 이름은 간재미

완도읍 장좌리에 눈을 이불 삼아 자란 섬초가
들판에 푸르디 푸르다
눈을 맞으며 잡은 간재미가 더 맛나다며
어제 바다에 넣어둔 이강망 그물을 올리는 부부

섬초에 간재미를 넣고 무침을 하고
간재미 애탕에 이웃과 어울려 막걸리가 오가며
아리랑 홍타령에 겨울밤이 익어간다

섬 집 아내는 아이를 출산하면
장도 앞바다에서 딴 미역으로
간재미 미역국 한 그릇에 산후조리도 없이
새벽에 잡아 올린 물고기 머리에 이고 읍내에 나가
팔러 다녔던 모진 세월
이제 어떤 빛으로도 건져 올릴 수 없는
갯바람이 만들어낸 좁은 골목길들이 얼굴에 생겨나고
어릴 적부터 노 젖던 섬 아이들의 손바닥엔
바람과 격랑의 세월이 남겨준 나이테가 굳어 있어
바다를 읽는 어른이 된다

그들은 지체 높은 홍어보다 서민의 밥상에 어울리는
간재미를 닮았다
가난한 이웃을 사랑하며
이렇게 어울려
간재미로 설운 세월을 달래는 것이다

태평양을 낚시하다

한반도의 동해는 수평선이 막막하다
너른 태평양의 관문이
그 너머 보일 듯 말 듯
낚시도구를 챙겨드는 것은
안데스산맥의 허리에서 굽어보는
그 바다가 그리운 것이다

아니다
가자, 동해바다 울진으로
망어나 부시리가 고향으로 돌아오는 계절
새벽부터 찬바람을 가르고 달려온 뱃사람들 틈
배 위에서 방어 배꼽살 한 점에 웃고
코끝에 달린 매서운 칼바람
방어 메운탕에 녹여낸다

낚싯줄을 바다에다 던져야만 하는가
방어 냄새가 미끼가 되어
코가 걸린 일행들
먼 수평선이 아른거려도

햇살 쏟아지면 환하게 보일
파도 언덕
태평양은 멀지 않다
그 너머에 있으니까
낚싯줄을 던진다
태평양의 시계바늘이 움직인다

어부로 살아가는 일

햇살이 물고기 비늘처럼 영롱한 가을 바다
숭어가 지나간 갯벌도 맛나다는 계절
주꾸미와 갑오징어가 풍년이다

부표를 올리고, 그물을 올리고 내리는
어부의 손바닥엔 굽이굽이 바다의 군살이 박혀 있다
천지개벽이라도 하려는 듯
몸부림치는 파도 입속을 드나들며 깨어지고 부서지며
물과 하늘이 한 몸으로 덮칠 때의 아득함

젊은 날 그 속에서 벗어나려 뭍으로 달아나
깨지고 부서진 다음 절망에서 찾은 곳은
어머니처럼 한없이 품 내어주는 고향 바다였다
아버지의 아들로 아들의 아버지로
한 여자의 남편으로 세상 살아가는 일이
바다가 자신을 말려 피워내는 소금 꽃처럼
그렇게 바다의 깊은 맛을 알아가는 것이다
이제 그물을 터는 일은 희망을 건지는 일

갯벌 위로 바스락, 바스락, 바닷물 스미는 소리가
인다
따스하게 희망이 자라는 소리다
바다는 종일 자갈을 비벼대고
눈물의 지느러미도 함께 움직인다

만남

해안선을 따라 들려오는 화음

삶의 격랑 위에서
마음을 섞는 일이 전쟁이라지만
저렇듯 창백한 얼굴로 달려 와
몸을 포개는 물결과 조약돌의 속삭임

저 만남을 위하여
어느 별에서부터
가슴을 헐어내며 달려왔을까
때로는
가슴 밑바닥에서 바위 구르는 소리를
토해낸다 할지라도

사랑한다는 것은
눈, 코, 입, 다 베어 먹고 다듬어낸 저 화음처럼
한 방향으로 함께 하는 것
벌거숭이로 밤새워 구르는
물결과 조약돌 위로 무명의 별들이

선운사에서 꽃무릇이 피어나듯
동백이 피어나듯
저들의 나신 위로 별꽃이 피어나고 있다

항해, 북태평양을 향하여

부산 외항에서 닻을 올리는 뱃고동 소리
만선을 하리라는
선원의 기원이 꽉 찬 울림이다

용왕제를 마친 풍성한 먹거리를 알아 챈
갈매기가 줄줄이 전송하는 길을 따르고
선장은 나침반을 읽고 있다

이미 시동이 걸려있던 엔진 소리는
파도를 가르고 서서히 나서는
뱃머리를 짐작한다

떠나자,
바다의 사나이는
항구를 떠나야 사는 것임을 알고 있다
파도가 바다에 살고 있는 것처럼
바다에 살고 있는 사람들

뚜, 뚜, 뚜,
북태평양은 기다리고 있다
그들이 던지는 투망 속에
무더기로 보낼 오징어를 준비해 놓고서

두 얼굴

바다의 심장을 읽고 있는 선장 팽팽한 긴장속
얼마쯤 지났을까
무리 지은 물 속 짐승들의 뜀박질
선원들 화등 같은 눈알을 굴리며
눈짓과 몸짓이 오가고 갑판장의 목소리가
파도를 가르고 수면을 찢으면
선원들 민첩하게 움직인다 만선의 전언 노다지다
순간
고향 살붙이 피붙이가 물결 위로 어른거린다

오늘은 물빛이 다르다
뱃전에 부딪는 파도 소리가
푸른 함성으로 응원하듯
마치 혁명가처럼 들린다

원양 한가운데, 망망대해에서 만난
어제의 소름 돋는 광기
악귀들의 통곡 소리 속 광란의 폭풍우는 어디로 갔나
지난밤 황천길 문 앞까지 몇 번이나 들락거렸던가,

해골 같은 몰골은 핏발선 눈이 되어
얼싸안고 정신 줄을 매만지던 선원들
오늘은
전장에서 승리한 장수들이 되어 마음은 벌써 고향으로 달려가
사랑하는 가족과 해후하고 있다
갈매기 떼 줄지어 승전가를 보내고
스크루에 잘려나가는 파도는 갈채의 소리로 경쾌하다

바다를 낙찰하다

한글 자모보다 먼저 배운 물질
일곱 살 때부터 바다는 분신이 되었다

사람 속보다 먼저 사귄 바닷속은 훤하여
낡은 망사리만 메고 가도
바다 낱낱이 채워 오르는 휘파람새가 되었다
목젖까지 차오른 외마디 숨
영혼을 부르는 것 같은 바람꽃 피워내며
칠성판 등에 지고
삶의 탯줄같이 허리에 감긴 납덩이
한 생을 끌고 유목민처럼 이국땅 물 속까지
날 선 바다 떠돌던 대물림
어머니와 어머니의 어머니
바닷속은 새날 오면 다시 새살이 돋아
언제나 그랬듯이 푸른 기색 그대로인데
뭍의 가난은 왜 그리도 여물든지
이어도 불 턱에서 시린 관절 데울 때는
숨비소리만 갈, 갈. 갈, 훈장인 양 몸에 지녔다
그래도 삼대의 여인들은
베지근한 몸국 한 사발로 웃는다

울컥거리는 수평선 위에 구름 한 송이 걸어두고
태왁에 어질 머리 기대인 채 잠시
마음 한 자락 달래며
숨비 소리로 짠물 벤 바람을 건져 올린다
삼대가 낙찰한 바다 위에서 철없이 보채는 갈매기들

서해의 갓길에서

바다를 따라가다 보면
내변산 절벽 위에 걸려있는 담쟁이 덩굴
불타는 노을이다

높은 곳에 오르면 미래가 더 잘 보일까
여호수아가 약속의 땅 가나안을 정복하듯
수천 수만 가솔을 이끌고 절벽을 오르고 올라
승리의 휘파람을 불고 있는 붉은 영웅들
바람을 잡고 절벽을 오른 저들 앞에서
누가 이생의 삶이 어지럽다 하리

얽히고설키며
그저 약속의 땅으로 뻗어가는
집념 속엔
절망이란 없다

단단한 뼈처럼 힘줄처럼 벼랑 끝에 매달려
온몸으로 타고 있다

세월 가며 사그라진 자국 위로 다시 뭉친 흔적들
지나간 자국마다 망각의 시간들이
메마른 가슴 서로 다독이며
하늘 길을 열어놓고
어서 오라
붉은 손을 흔들고 있다
바다를 향해 작은 손 담쟁이가

유년의 다락방

개구쟁이 동생들 몰래
은밀히 숨어들 수 있는 유일한 쉼터
절대 고독과 절대 침묵만이 있는 곳
집에서 제일 높은 곳이었다
안방을 통해야만 들어갈 수 있어
다소 불편하지만

해묵은 짐들의
낡은 침묵을 두드리는 재미와
조그만 창으로 보이는 바깥 풍경
탱자 나무 울타리 숨소리가 들리고
하얗게 피어있는 찔레꽃 그 아래
오순도순 모여있는 딸기들의 싱그러움
그 옆으로 오목하게 자리잡고 있는 우물
땅에서 볼 때와는 설렘이 달랐다

명절 때면 엄마가
음식을 정리하던 곳이기도 하다
곶감이나 강정, 맛난 부침개들

고소한 기름 냄새가 풍기는 곳
은밀히 내 꿈이 자라기도 했던,
살면서 가끔은
유년의 쉼터에 스며들고 싶을 때가 있더라

토란 밭에서

소나기 지나가고
오늘은
토란 잎에 앉아 은구슬을 굴리는
청개구리고 싶습니다
알록달록 무당벌레고 싶습니다

먼 바람 타고
후두둑 은구슬이 떨어집니다

저 아름다운 청초의 나라로
아무도 모르게
아무도 모르게
작은 은방울 새처럼 날아가
토란 잎에 앉고 싶습니다

2부
봄 에는

강가의 이른 봄

강풍주의보 내린 강가에
버들강아지 눈 뜨고
강파江波가 두드리는 둑길에
소루쟁이 푸른빛 파르르

귓불을 간질이는 설익은 햇살에
종종거리는
물닭의 다리를 휘감는 바람

한조각 바람이
들숨과 날숨으로
빈 강을 건너고
그대와 나의 봄은
풋콩처럼 비리다

흑산도 홍어

어선들 엔진 소리와 괭이갈매기의 하모니 속에
포구는 하얗게 깨어난다
새벽에 들어온 홍어
태산처럼 쌓여
장관을 이룬 어판장은
관광객의 찬사가 넘치고
허연 배를 드러내놓고
빙긋이 웃고 있는 홍어
한 마리가 돼지 두 마리 값이라니
웃고있는 모습이 그럴만하다

천길 바다 밑바닥을 휘휘 젓고 놀다가
인간 세상에 잡혀 날 세운 칼 끝에서
애간장 다 녹여내는 애탕이 되고 급기야
뼈와 살로 막걸리를 부르는데 한 몫 한다

싱싱한 선어회로 만나거나
지푸라기 속에서 숨막힌 성찰의 시간이 지난 후면
톡 쏘는 성깔마저 보물이 되니
포구를 들었다 났다 하는 흑산도 홍어다

비 개인 날

아침 일찍 산에 다녀와
백지 위에 생명을 담는다

며칠 동안 내린 비로
평소 새침떼기 계곡은
하얗게 거품 물고
나 살아 있어
소리소리 지르더이다

언제 모였을까 꼬마버섯들
까르르 까르르
동네 계집아이들마냥
막 세수한 얼굴로
소꿉놀이 한창이었고
물소리만큼 매미소리 절창이고
저 멀리 딱따구리 열공 중이더이다

산이 토해내는 생명의 딸꾹질
청아한 숲의 목소리
그리워 그리워서 산에 오른다

봄에는

친구와 걷는 산길
눈에 스치는
모든 것이 푸르다

제비꽃 금창초꽃
소복소복 피어있는 길
시원한 바람이 지친 등을 밀고
쑥국 쑥국
새소리도 푸르다

진달래 진 산길에
연달래 피고
양지바른 곳
나물 캐는 아낙의 손에
풀물이 뚝뚝
한소쿠리 비비새
울음도 푸르다

아브 압달라여

주목나무의 침묵을 바라보며
천년의 비밀을 안고 서
이사벨라 여왕이 잠든
슬프도록 아름다운
알함브라 궁전

아벤세라 헤스방에서
누군가가 들려주는 타레가의
"알함브라 궁전의 추억"을 듣는다
슬프고도 아름다운 기타 음률이
애잔하다

마지막 왕조 아브 압달라여.

석골 계곡 물소리

삼베나 호박잎 같은 까칠한 것들이
사랑이 되는 계절
호박잎 된장국도
호박잎 된장 쌈도
시원한 계곡물 소리가 양념 되면
사랑이 되더라

천년 세월
별빛
달빛을 품어온 속살에 들어가
세상 시름 씻어내고
밤새 谷水를 품는다

이른 아침 유난히 큰 까마귀 소리
계곡을 울리는 매미 소리도
네가 있어 멜로디가 되더라
밤새 내 귓전에서
애절하게 속삭이던 너의 열정
정녕 사랑스러웠어

오늘도 속삭이고 있을 거야
청량한 목소리로
졸 졸 졸

가족 2

매물도에는
해녀 어머니와 두 아들 해남이가 살고 있다
오늘은 작은아들이 선장이다
물질하는 어머니보다 형님보다
배 위에 남은 작은아들이 더 긴장한다

칠순 어머니는 문어 전복 해삼 성게로
망사리에 한가득인데
불혹의 나이 큰아들은 장소를 탓하며
소라 몇 개 달랑 건져 올린다

며느리는 배 위에서 낚시로 볼락이나 노래미를 낚아 올리고
바위에 붙은 거북손도 따고 톳나물 미역도 잘라 담고
집에 오는 길에 밭에 들려 방풍잎도 따서
저녁상을 차린다

문어가 삼겹살을 만나면 천상궁합이라며
온 가족이 옥상 식탁에 둘러앉아 한 상 차려낸다
양탄자처럼 깔리는 저녁바다 노을을 내려다보며
어머니는 행복하다 말씀하신다

도회지의 직장생활이 고달팠던 큰아들의 귀향을
어머니와 함께 받아준 바다
이제 눈만 뜨면 사랑하는 가족과 함께 어머니의 품속 같은
바다에서 가족 사랑을 건져 올린 큰아들

겨울 피조개잡이

칠흑같이 어두운 밤
바람이 거세어 출항을 미룰까 하다가
명절이 코앞이라 선장은 배를 띄운다

긴장 속 20분쯤을 달려 배를 바지선에 바짝 붙이고
조개 선별 작업을 할 아낙들이 바지선 위로 오른다
기다리고 있던 체취선에서 조개가 담긴 그물을
양망기로 바지선 위에 쏟아붓는다
컨베어밸트가 돌아가면서 조개 선별 작업이 시작되고
파도는 닥치는 대로 삼킬 듯한 기세로
바지선 위로 뛰어오른다
긴급 작전으로 밧줄을 조여가며 작업은 계속되고
세차게 바지선이 요동쳐도 배 위에 조개가 남아있는 한
고개를 들 시간이 없다

공사장에서 덤프트럭이 모래를 쏟아붓듯
체취선은 조개를 바지선 위로 계속 쏟아붓고
뜨거운 물주전자 속에 아린 손 녹여가며 작업은 계속된다
온몸이 꽁꽁 얼음이 되어갈 때쯤 태양이 떠오르고

파도 속 어렵게 아침상이 차려진다
시린 속을 달래 줄
따뜻한 된장국과 새벽에 잡아 올린 피조개 무침
입의 즐거움도 잠시, 다시 작업은 시작되고
바람막이 하나 없이 하루 열시간 가량 하는 선별 작업
컨베어 밸트가 멈추지 않는 한 작업은 계속된다
경력자도 더러는 심한 파도에 멀미로 쓰러지기도 한다

고래

내가 대한해협에서 만났던 고래일까
포항 죽도시장 가판대 위에
내장을 끄집어 내놓고 있다
치열한 바다속 애간장을 보고
내 살갗에 돋는 소름은 기억 때문이다

파도를 즐기며
척추를 물결처럼 출렁이며 뱃길을 같이 했지
까마득한 수평선에서는 네가 오아시스였어

그런데
가판대 위에 저미어져 있는 너를 보며
파도를 휘어잡던 호령은 어디 가고
뭍 사람들의 입맛으로 돌아와 누웠는가

태풍 끝을 지나다

컨테이너를 가득 싣고 밤바다를 간다
지난번 대마도를 지날 때 호수 같았던 바다가
태풍, 미탁의 언저리를 벗어나지 못하고
산만한 파도가 일어서고 누우며 표호한다
피항지에서 고민하다 출항했더니
바다의 마중은 거칠대로 거칠어
파도의 산이 갑판과 조타실 지붕을 올라와
선속이 지금 8노트다

뭍에서도
올해 태풍이 일곱 번이나 광기를 부리고 달아나고
아프리카 돼지 열병으로 돼지는 쓰러져 나가고
온 나라가 좌파로 우파로 나뉘어져 세력다툼이라니
내 그리운 고향 땅도 어두운 밤길 인가보다
안개 속 난바다인가보다

뱃길에서는 좌파도 우파도 없는 오직 생사의 순간만이 존재한다
한 치 앞을 분간하기 어려운 불확실한 뱃길에서
세상에 대한 믿음과 절망의 뉴스가 잠시 조타실에 머물다 떠난다
솟기만 하는 파고는 대체 몇 미터란 말인가
태풍의 멀미는 끝날 줄을 모르고

삶이 허기질 때

들도 산도 갯벌도
황토 붉은 살을 드러내고
어서 오라 손짓하는 무안으로 가자

봄부터 양파 수박 고구마 마늘 배추까지
어느 것 하나 모자람 없이
해풍 속에 기름진 웃음 휘날리며
일손을 기다리는 삶의 전장

파래가 속삭이는 초록갯벌에는
쏟아 놓은 듯 널려있는 갯고둥
바위에 다닥다닥 붙어있는 담치와 따게비
물이 고인 웅덩이엔
망둥어 새끼들이 헤엄쳐 다니고
갯벌에 아파트 창문처럼 조밀하게 이어진 구멍 속
바지락이나 세발낙지 잡다 보면
농게가
무거운 집게발을 치켜들고
암컷에게 보내는 구애의 춤사위가
노을만큼 붉다

인생이 괴롭거든 태풍을 만나보라 하지 않던가
삶이 무료하다면
산소 탱크 같은 황토 무안으로 달려가보자

해풍이 만들어낸 화원

배가 육지로 나가는 시간이 되면
쑥을 담은 택배 상자가 수없이 쌓인다
이제 더 이상 쑥밭이 불행을 상징하는 것은 아니다

해풍과 살아가는 섬사람을 닮은 쑥
묵혀두었던 밭이거나 모래땅이거나
아무리 퍼내어도 마르지 않는 깊은 샘의 근성으로
희망의 꽃을 피우고 있다

섬이 싫어 육지로 나가 삶의 쓰라린 위기 앞에서
고향 거문도에 돌아온 한 사나이가
어장을 하던 사람도, 운수업을 하던 사람도
모두 쑥밭으로 달려오게 하고 있다

쑥밭은 기회의 땅 약속의 땅이 되어
거센 바닷바람에도 쑤욱 쑤욱 잘만 자라니
사나이는 꿈길에서도 쑥만 외친다

사나이의 지혜가 낳은 냉동 쑥
전국 떡방앗간으로 시장으로 해풍을 몰고 다닌다
쑥절편 쑥설기 쑥버무리로
도시의 화려한 네온사인 아래서 날개를 달았다
도다리쑥국이 기다려지는 계절
섬의 봄이 길어지고 있다

멸치떼 몰려오면

어민들은 해류를 기다리며 산다
마침내 그물코에 걸려드는 멸치 떼
손가락 만 한 멸치가 끝없이 올라오고
봄날의 미조항은 멸치 터는 일로 삶의 땀내가 진해진다

좀처럼 바다를 뱉어내려 하지 않는 그들과의 밀당
일사불란한 어깨춤은 밤늦도록 계속되고
드디어 은빛 꽃으로
그물을 쳐놓은 물 위로 떨어진다
고단한 노고에 천일염만 있으면
훌륭한 젓갈의 노정을 맞이하는 멸치
길은 다시 열리고 숙성의 길은 멀다

해류를 기다린 것이 어디 인간뿐이랴

멸치 떼가 몰려오면 괭이갈매기 수컷들의 구애가 시작된다
수컷이 잡아 온 멸치를 먹으며 사랑을 허락하는 암컷
그뿐 일까
멸치 떼를 뒤따르는 방어 떼가

정치망에 걸려드니 해류의 비밀 속 노다지다
은빛 무도회를 펼치며 뒤따르는 갈치 떼도 있다
계절의 순환에 몸을 맡기는 삶

봄이 달다
멸치 떼가 몰려오면

어느 하루

저녁을 먹고 설거지하는 남자의 등 뒤에서
타는 노을
창밖 주홍빛 물결을 바라보며
노래방 기기에 전 원을 넣고
연인들의 이야기를
석양 값으로 지불한다
커피를 타고 있는 남자의 손등 위로
탱고의 음률이 통통 튀고 있다
석양은
바다 깊은 입속으로 잦아들고
멀리 삼천포쯤 일까
외등이 하나 둘
꿈결 같이 깜빡이고 있다
이제 곧
별들이 파도를 탈 것이다

근기根氣

강원 홍천에서 수은주가 41도를 찍었다
우리 집 베란다에서는
늘 수다스럽던 제라늄의 붉은 미소가
뚝 끊겨 버렸다

행인들
봉숭아 씨방이거나
괭이밥 씨방처럼 일촉즉발
그런 얼굴을 하고

고속도로를 달리던 타이어도, 변압기도
결국 속내를 드리내는 뉴스를 접히며
오뉴월에도 발이 시리던
감내골 지하수를 그리며 한밤중에 일어나
식탁 위 복숭아 한 알을 만난다

폭염 속 고통은 꿀처럼 눈물처럼 흘려가며
무엇을 붙잡고 안간 힘을 썼을까
싱그런 맛을 접시 위에 부려놓고 있는 그에게서
수련자의 근기를 느낀다

호박넝쿨

얼마간 일상에 쫓겨
호박넝쿨 살피지 못했다

이미 울타리를 탈출한 그는
양팔을 벌리고 차도를 향해 달려가고 있다
한 발만 더 내디디면 효수를 당할텐데
당당하게 나아가고 있다

한 치의 미래를 예감치 못해
내 삶의 혜안도 무지랭이 같은데
아직 자유하기는 이르다

땡볕의 고통과 폭우 속에서
지척이라도 분별할 시력이 깨일 때까지
은밀하게 네 안에 순한 길 내어가며
바다보다 깊은 사색으로
피묻은 삶이 새벽을 열때까지
울타리만 꽉 잡고 살아야 한다

눈살이 짙은 9월의 바다

금빛 파도가 넘실거리던 살이 오른 바다에
막강한 세력으로 달려온 링링
오지랖 넓게 적조까지 몰고 와
연안의 가두리 양식장을
죽음의 늪으로 초토화 시켰다

자식같이 키워온
우럭 참조기 참돔들의 죽음의 성 앞에서
가슴에 박힌 대못
망연자실한 어부들 발길은
천 길 낭떠러지로 향하고
거대한 물보라 위로 띠 오른 지 여린 생명들
등대는 아무것도 못 봤다는 듯
그저 말이없다

사람도 날려버린 태풍이 몰고 온
해양 쓰레기는 또 몇 톤이나 생산 될까
붉은 눈물
병든 파도가 찰싹대는
죽음의 바다 위로 적토가 뿌려지고 있다

골목

시간이 달아나다가
잠시 멈추고 있는 듯한
우체부 아저씨 배낭 속처럼
사연도 많은
늙고 키 작은 마을이 산다
까르르 아이들의 웃음소리가
나팔꽃처럼 피고
아이를 부르던 엄마의 목소리가
해질녘 굴뚝연기 묻히듯 어둠속에 묻히곤 하던 곳

다닥다닥 붙은 집들의 정겨움 속엔
빨랫줄에 널린 브레지어나 팬티 속까지
파고드는 햇살같이
이웃의 속살까지 훤히 꿰 찬
다소 번거로운 정이 있는 곳이기도 하다
이웃집 담에 걸터앉아
아차,
붉은 속살까지 훤히 다 보여 주고 마는
석류알 같은 유년의 뒤안길.

여기는 25시 1

한밤중에도
일들이 입체적으로 펼쳐지고 있는
암 병동의 밤
침상마다 보호자들의
코골이 소리가 넘치고
상처를 감싸안고
날밤을 잡고 통곡하는 절대 고독도 있다

오후에 들어온 치매 환자는
맨발로 병실을 휘젓고 다니더니
급기야 화장실문 멱살을 휘어잡고 흔들어 대고
화장실 안에서 소변 양을 측정하던 환자의
외마디 비명에
자정을 지나던 초침이 혼절한다

새벽 별빛이 병실에 스며들 때쯤
어제 수술실에서 올라온 환자가
화장실 앞에서 저혈압으로 쓰러진다

여기는 25시 2

5인병동
얇은 커텐 하나 사이에 두고 침상이 놓여 있다

유방암 항암1차 치료를 위해
입원한 환자 부부가
한밤중에 애정 행각을 벌이고 있다
듣고 있기 민망한 소음에
옆 침상 고혈압 환자는
밤의 초입에서
잃어버린 잠을 찾지 못하고 헤매다
혈압은 고속으로 올라 가고
메스꺼움과 어지러움을 호소하며
긴 밤을 할퀴고 있다

좁은 병상에 둘이 올라 앉아 키득거리는 그들은
과연 부부일까

3부
남해 지족리

을숙도 가는 길에

함백산 꽃소식 담고 쉼 없이 달려온 강줄기 따라
을숙도 가는 길에 이제는 많이도 변해버린
엄궁을 만난다

강둑길 따라 해질녘
장밋빛 노을은 가슴을 절이고
굴뚝마다 삶의 연기 하얗게 피어오르고
동네 어귀서부터 재첩 알갱이 고르는
키 까부리는 소리
차르르 차르르 정겨웠다

흙담을 건너오는 단내
새벽이면 저 단내 품은 재접국 농이 농이
골목 골목 누볐지

갈대 숲 사이로 달려가던
재첩잡이 통통배
세월에 묻어나는 그리움이다
검게 그을린
땀내 베인 그리운 얼굴들
이제는 다 어디로 갔는지

실치를 품은 장고항

서해 장고항에 살려면
실치를 닮아야 살 수 있다
실치의 몸값이 오르는 3월이 오면
뽀얀 우윳빛 그것을
바다에서 끌어 올리고
전광석화 같은 걸음으로 운반을 해야 한다

살아있는 실치회를 먹을 사람도
실치를 닮아야 먹을 수 있다
찬란한 봄의 맛

장고항에는
바람 소리도 파도 소리도
모두 장구 소리를 닮아
뽑아 올리는 소리마다 힘이 들어 있다
거리마다 입을 벙긋거리는 사람들
실치 맛에 만개하는 장고항이다

비금도 섬초 부부

섬초를 키우며
팔순을 바라보는 노부부의 주름을 따라
파도가 지나간 흔적이 굵다

물때가 되면 부부만큼 늙어버린 배를 타고
바다에 나가 농어를 잡는다
별 보고 나가 별 보며 돌아오던
젊은 날의 윤기 나던 근육은 사라지고
느리게 반응하는 몸
채낚을 더듬는 감각의 손놀림이 떨린다

뭍으로 자식들 보내고
바다의 들숨과 날숨에 맞춰 보냈던 세월
낡은 배에서 터덜거리는 소리
늙은 관절에서 끙끙대는 소리
말리는 생선과 다를 바 없어

인생은
바다처럼 늘 푸르지 못하여
닮고 싶은 바다인가보다

변산반도에서

광활한 갯벌을
한눈에 바라볼 수 있는
전망대에 올랐다

백 리 길 돌아
빠져나간 물 소리
생명의 땅 위로 낮게 날고 있는 갈매기
한줄기 바람을 품고 있다

태초에 하늘이 열린 날부터
해와 달 별들의 속삭임 고루 몸에 두르고
소멸과 생성을 반복하며
배고픈 이의 밥이 되고 희망가가 되어온 갯벌이다

파도가 삭이지 못한 분노와 울분, 세월의 침잠 속
빛바랜 암호까지 삭여가며 생명을 품은
이 땅의 어머니 같은 끝없는 사랑이여

마음에 여백 없이 쫓기듯 살아온 길손의 옷자락을
넌지시 잡아당긴다

사나흘 넓은 품에 안겨보라는 유혹
지극히 낮은, 지극히 높은 그가
이제 점점 쓰러져 내릴 낙조를 품기 위해
적막 한자락 베어내며 일상의 노고를 게워낸다

깊고 푸른 바람 속 붉은 가슴이여
거대한 생명의 땅이여

남해지족리 1

섬에서 태어나 섬으로 시집온 분례 엄마는
오십 평생 소고기 맛을 모르고 살았단다
우리 부부가 그 집 아래채로 이사오면서
선물로 사 준 소갈비를 요리 할 줄 몰라 안절부절 못한다

그녀의 남편 김씨는
노름으로 어선이 남의 손에 넘어가고
죄 없는 아내를 폭행하기 시작했다
먹을 것이 없어도 바다에 나가면 풍족해
아들딸 낳고 그럭저럭 살아왔지만
남의 집 과수 치맛자락 잡고 있는 남편이 싫어
몇 번의 음독을 시도했지만 미수에 그치고 위장만 나빠져
육지로 달아났지 파락호 같은 남편 손에 잡혀 와
또 매를 맞았다
폭력에 얽혀 찢기고 터진 속살
갈매기 울음소리로 가득한 가슴이 찢어진다
내가 분례 엄마를 알게 된 것은
그때부터 였다

새댁인 나에게 바다를 가르치며
조금씩 웃음을 보여 주었다
남편이 섬 마을 학교에 부임해 오면서
나는 난생 처음 섬 살이를 시작한 것이다
부산이 고향이지만 바다에 대해서는 아무것도 몰랐다
우리나라 삼면이 바다인 것 밖에는

남해지족리 2

분례 엄마가 시키는 대로
지족 새벽시장에 나가 본다
포구엔 비릿한 갯내음이 가득하고
붕장어 노래미 볼락 숭어들이 팔딱거리며
새벽을 밝히고 있었다

숭어 한 마리 골라 바구니에 담고
집에 오기까지 몇 번이나 탈출하는 것을
겨우겨우 도마 위에 올려놓고 보니
반짝이는 숭어 눈알이 무섭다

신문지로 눈을 돌돌 말아 비늘을 쳐내고
바다가 키워준 바다 살을 떠낸다
접시에 옮겨 담고 보니 푸른 해조음이 들리는 듯
바다가 살아 있다

뼈와 머리는 매운탕을 끓이기 위해
뻐금거리는 아가미 속으로 양념을 밀어 넣는다
꽃의 내부만큼 붉은 아가미가 뻐금거릴 때마다

나의 심장 뛰는 소리가 가속을 더하고
버둥거리던 숭어는 블라우스와 얼굴에
장밋빛 자국을 남겼다
부엌은 해일이 한바탕 쓸고 간 듯
바닥에는 숭어의 숨결이 낭자하다

남해지족리 3

바람과 구름 따라 바다 물빛이
카멜레온처럼 바뀌는 바다
짙은 남색이거나
고등어등처럼 푸르거나
은빛 갈치처럼 눈부시게 반짝이거나
섬에 사는 사람은 바람에 익숙하여
힘센 바람의 성깔도 그저 잊고 사는가 보다

오늘 분례 엄마는
갈치 회를 가르쳐주려고 선착장에 나와
오른손을 이마에 수평으로 대고 어선을 살핀다

날선 칼로 지느러미를 잘라내고
은빛 비늘을 긁어내면
막걸리에 몸을 씻겨
파들거리는 살을 떠낸다
입속에 들어가기 바쁘게 사라지는 맛
이것이 바다의 진미라는 걸 알게된다

이제 갈치전이나 홍합전도 배워
친정이나 시댁에 신선한 바다 맛을 보낼 것을 생각하니
늘 예뻐해 주시는 시아버지 생각에 눈시울이 붉어진다
아는 이 없는 타지에 와
스스로 섬이 되어 수평선을 바라보곤 한다

부산으로 나가는 길이 험해
임신 중 버스 타기가 힘들어 애만 태우는 것이다
학교 여교사 한 분도 유산이 됐다는 소식을 들었다
가만히 쓸어보는 배 만짐
태아의 방은 안전 했다

남해지족리 4

분례 엄마와 오늘 바다로 가기로 했다
그녀의 어장은 남편 노름으로 다 팔아 없어지고
큰집 형님네 죽방렴으로 가기 위해 작은 목선을 타고 도착했다

홍합이 검은 성을 이루고 있는 바위 옆에서
주꾸미가 기어 다니고 대하가 튀고 개불이라는 이상하게 생긴 것과
이름을 알 수 없는 물고기들이
물이 빠져나간 어사리에 갇혀 어시장을 이루고 있는 신천지
그녀는 볼락이거나 쏨뱅이를 만지다 가시에 찔릴까
홍합 바위에 미끄러질까 따라다니며 주의를 아끼지 않는다

나는 생후 3개월 된 첫아이를 안고
주꾸미를 잡았지만 주꾸미가 팔을 감고 올라와 엉겁결에
딸아이 팔에 떨어뜨렸고
딸은 우유 젖꼭지 빨 듯 주꾸미 머리를 빨았고
주꾸미는 아기 팔에서 요동을 쳤다

그녀가 홍합을 깔 때
지족 앞바다 노을이 대야 속으로 떨어지는 듯

새까만 껍질 속에 어쩌면 저토록 노을을 닮은 몸이 감춰져 있을까
나이 스물네살에 처음으로
매운탕을 끓이고 회를 뜨면서
바보 허물을 바닷물에 조금씩 씻어내며
개불의 생김새와 또 다른 상큼한 맛에
지족해협의 경이로움 속으로 빠져 들었다

남해지족리 5

분례 엄마는 그녀의 아버지가 그러했듯이
바다와 갯벌과 갯바위에서
희망을 캤다

오늘은 홰바리 가는 날
사방에 어둠이 밀려오자

나무막대기에 헝겊을 두르고 기름을 발라
횃불을 만든다
칠흑같이 어두운 밤에
불빛 찾아 모여드는 게와 낙지를 훑고 다녔다

바다 밭에서 옆으로만 가는 게를 쫓다 오면
꿈길에서도 꽃게처럼 걷고 있다
새벽에 마당에 나가보니
마당은 온통 게 운동장이 되어있다, 망을 탈출한
게 행렬이다

그녀는 내일도 바다에 나갈 것이다

바다에 가는 것은
바지락도 모자반도 망사리에 채워야 할 전복보다
갯바람이라도 맞아야 숨을 쉴 것 같아
바다가 깨어나기 전에
몸에 밴 물때에 따라 움직이는 것이다
약속이라도 한 듯이 희망을 건지러 가는 것이다
그녀의 몸에
바다가 살고 있다는 것을
나는 그때 보았다

남해지족리 6

분례 엄마와 삼십 여년만에 만났다
몇 년 전
남편을 바다 깊은 곳으로 떠나보내고
자식들은 모두 뭍으로 나가 살고
새끼를 다 떠나보낸 고둥처럼
혼자 말라가고 있었다

바다는 어느 사이 향기를 밀어 올려
나보다 먼저 뜰을 감싸 안고
바다 깊은 입속으로 석양은 잦아들어
지족리의 밤
별은 꽃인 듯 파도를 타며 반짝이고
그녀는 온갖 시름을 잊은 듯
갯바람에 온통 별 냄새 뿌려놓고
옛이야기 늘어놓고
하루만 쉬어가라 한다

까치수염꽃이나 엉겅퀴가 돌 틈에서
반갑다는 듯 온몸을 흔들고

뜰 한쪽에서
숯불 위 조개를 가득 풀어놓고
어둠에 접혀진 바다를 굽고 있다

굴 까기 수업

삼대가 굴 막에 앉아 굴 까기 삼매경이다
할머니의 손끝은 보이지 않고
며느리는 따라가느라 진땀을 흘린다
애간장만 태우는 손자며느리의 한숨
백발의 할머니 오랜 삶을
어찌 하룻만에 배울 수 있단 말인가
할머니의 *조새는 세월만큼 반질반질하다

"이렇게 콕 찍어 요렇게 비틀 거라"
할머니의 가르침에도 그저
찍혀나가는 굴 살점만큼 오금이 저리는 손자며느리와
손자며느리 굴 까기 수업으로
시어머니 잔소리가 줄어들어 요즘 신명 나는 며느리다

굴 산더미 속에서 살아온 할머니, 굴 막 인생 육십 여년
굴 껍질 보다 거친 할머니의 손
손자며느리 손등만큼 오동통한 조새
눈썹에 불붙여 굴을 까다 보면
조새에 손가락 지문도 새겨지고

살면서 삭여온 바람도 조새 속에 스며들어
세상사 지혜로 반질반질 해지겠거니

손자며느리 손등 위로
굴 맛 같은 할머니 미소가 머문다

*조새 : 굴껍질을 찍어내는 쇠갈고리가 달려있는 기구

바다의 자식

태어날 때부터 뼈로 익힌 멀미
파도 위에 시린 발 내려놓고
혼절을 반복하며 살아가는 것이다

눈 감으면 대숲에서 일어나는 바람 소린 듯
미명 귀들의 신음 소린 듯
날을 세우고 달려오는 바람 속
자맥질을 하거나
풍선처럼 물 위에 떠 있거나
더러는 바위에 앉아
젖은 가슴으로 햇살을 품는다

썰물과 밀물로 떠다니는 허망함과 환상
바람 속에 부대끼며 파도를 밀치며
낙하하는 깃털 속 두근거림이거나
꽁지깃의 자맥질에 대하여
삶의 모서리에 설 때마다

그 속에 각인되는
깊고 푸른 비상의 욕망은
본능적이다 바다의 허공을 향하여

가을 바다

숭어가 지나간 갯벌도 맛나다는 계절
주꾸미와 갑오징어가 풍년이다

그물을 내리고 올리는 어부의 손바닥엔
굳어버린 물이랑이 굽이굽이 굳은살로 박혀있다
아버지의 아들로 아들의 아버지로
한 아내의 남편으로 세상 살아가는 일이
아득한 출렁임과 흔들림 속
천당과 지옥을 오가며 그래도
어머니 품속처럼 한없이 내어주는 바다가 있어
그물을 터는 일은 희망을 건지는 일이다

새벽부터 바다로 나간 사람들
해가 져도 돌아오지 못한 사람들
그들의 혼이 담긴 갯벌 위로
바스락바스락 바닷물 스미는 소리가 인다
희망이 자라는 소리다

버뮤다 근해를 투망하다

어둠을 뚫고 내리는 빗줄기가 굵다
폭풍과 파도 속에서의 어로 작업
누구 하나 불만은 없다
바람과 파도를 무시하는 일이
뱃사람의 숙명이다

몸통이 다 뜯겨 나가고
머리만 남은 다랑어가 물살을 가르고 올라온다
삶의 진한 비린내 같은 참담함
인간 말고도 먹이를 구하는 포식자는 많다
이빨고래 대왕오징어 상어 등
낚시에 걸린 물고기의 최후 상태는
아무도 짐작할 수 없다

연이어 올라오는 다랑어
다랑어의 마지막 숨을 끊기 위해
정수리에 피아노 줄을 넣는다

펄떡이며 좌우로 휘젓던 모든 몸부림이 사라지고
검고 긴 그림자 위로 계류된 바다의 나체들
엄숙하고 긴장됐던 순간들 폭풍의 거친 숨소리가
순항의 파도를 탄다
빗줄기보다 굵은 끈질긴 투망 속에서

스페인 론다

헤밍웨이가 극찬한
절벽 위 도시 론다로 가는 길에
끝없이 펼쳐진 해바라기 밭을 만났다
잠시 해바라기와 대화의 시간이 흐르고
강을 따라 형성된
협곡과 협곡을 가로지른
누에보 다리를 만났다
까마득한 깊이의 절경에
브라보를 외친다
다리아래서 보니
헤밍웨이가
소설을 집필 했던 집은
하늘위로 솟은 듯
하늘 섬처럼 떠있다
버스를 타고 돌아 나오며
"누구를 위하여 좋은 울리나"
영화 한 장면을 아슴아슴 떠올린다

영화를 함께 했던 첫사랑 그 사람
지금 어디에....

포르투갈 로까곶 2

항해하는 선박에게 어머니 같은 등대가
긴 여정의 고단함을 품어줄듯
붉은 모자를 쓰고 기다리고 있다
그 등대 아래 파도는 쉴 새 없이 바람을 타고

시작과 끝을 품고 있는 절경 앞에서
바람의 등을 타고 대양으로 날고 싶은 유혹을 받는다

바람이 길을 여는 대로 가다 보면
대서양의 햇살을 닮은 원색의 화려한 꽃과 관목은
온몸으로 바람을 밀어낸 흔적,
잎시귀에서 비수를 만난다

바람은 화강암 절벽 아래 파도까지
날 선 몸짓으로 뼈를 부수게 한 흔적들
하늘의 구름까지
파도를 만들어버렸을까
세상의 끝에서
환상적인 노을을 바라보며
바람을 위한 기도를 한다

깃발

동해 최북단 저도어장의 찬란한 봄을 향하여
북상할 어선들
칠흙 같은 어둠 속, 한 도시가 바다에 떠 있는 듯
백칠십 여척의 선단에 어부들과 해녀군단과 수부들
마치 마라토너가 출발 신호를 기다리듯 대기 중이다

신호가 울리자 불꽃 튀는 질주의 장관
해상레이스가 펼쳐지고
북한을 지척에 둔 바다는 긴장의 빛 짙은데
배마다 미끼를 던지고 해녀들도 잠수부도
심호흡 한 번 들이쉬고 바다 입속으로 들어간다

배마다 일출을 닮은 대왕문어들이 줄줄이 올라온다
엄청난 무게에 허리가 휘청휘청
어복이 제대로 터진
여전사 해녀들의 망사리에도
해삼 멍게 문어들이 가득가득 바다가 찼다

"조업구역을 지키라" 는 해양경찰의 목소리가
등대를 향하여 돌아올 때
위기의 경계선은 사라졌다
대진항으로 돌아오는 만선의 깃발

낙엽 2
- 요양병동에서

모든 이들에게 주어진 삶에 있어
이미 비스듬히 기운 삶의 구도
이 신록의 아침이 내일도 찾아올까
또렷한 몸짓보다
마음만 뜨겁던 시절이 짐이었나
죽음 같은 어둔 밤을
형광등 불빛에 시선을 걸어 두고
끊임없이 막막한 시간 앞에
어딘가로 끌려가는 자신을 거부하며
깊은 숨을 모두어 말초들의 갈증을
꾸역꾸역 몰아낸다
링거액은 24시간 깨어 있어도
새로운 길을 개척하지 못한 채
패배자의 눈물인 듯
소리없이 베갯머리만 적신다
점점 가랑잎 같은 무게로
찬 이슬 같은 숨결로
인연을 버리는 연습을 따라
심장을 두드리는
저 초침소리

그대, 낙엽이 되려오

그렇게 하고픈 일 별처럼 많다더니
수없이 꿈을 꾸고
수없이 절망하고
꿈의 주파수, 힘겨운 퍼즐
이제 병상에 누워

가슴 한 쪽 예리한 칼날 꽂고
아무리 돌아도 제자리라 했던가
살면 살수록
서러운 생명이라 했던가
그대는
향기 나는 시어를,
향기 나는 노래를 품고 사는
아름다운 노을이었다오

아슬아슬 중심을 잡으려
애간장 녹이며 살아온 세월
그렇게 소망했을, 땅을 박차고
두 발로 달려보시오
맘껏 날아보시오

억수 같은 빗줄기에 얼굴 적시며
그대 향한 연가로 빈 잔을 채운다오

4부
할머니의 줌치

겨울로 가는 길목에서

화려한 척 젊은 척 도도한 몸짓도
의사 앞에 서면 굳어버리는
늙은이의 몸처럼
바람 앞에 질려있는 잎새들

이렇게 떠날 거면
뜨겁지나 말 것이지
자박 자박
제 몸 태워 돌아서는 발자국
그대 떠나갈 길섶에 서서
두 손 흔들고 있다

우리 잊지는 말자
한 생을 뜨겁게 잘 살았다고
아름다웠다고
젊은 날의 이야기를
우리 서로 잊지는 말자

짙게 드리우는 그리움의 그림자

물건리 방조어부림

밥 한 술이 아쉽던 시절
모래바람 때문에
밀려오는 파도 때문에
아무것도 할 수 없었던 적멸의 밤
바람의 울음소리만큼 애간장을 태웠을 조상들

염원대로 해안을 따라
느티나무 팽나무 이팝나무들이
생명의 띠를 이루고

물건리 버스에서 내리면
제일 먼저 달려와 안기던 비릿한 멸치 냄새
바닷가 몽돌 위엔
바다가 통째로 누워있듯
수많은 멸치들이 은빛으로 누워
몸을 말리고 있었다
아이들은 멸치 한 줌씩 쥐고 달려가
엿을 바꿔 먹었다는 물건리

이제는 마로니에 꽃도 피는 독일마을 미국마을로
물건리가 피고 있다

용산 전망대의 가을

해가 저물기 시작하면
S자 수로를 따라 생태 탐사선이 개선장군처럼
백만 이랑의 붉은 길을 만들며 들어온다
물속에 저토록 수많은 길이 있다는 것
저토록 아름다운 길이 있다는 것을
나는 왜 오랫동안 모르고 살았을까

그 언저리에서 퉁퉁마디가
또 다른 낙조가 되어 온몸으로 타고 있다
수로와 갯벌에서 펼쳐지는 마법 같은 공간예술
경이로운 절경 앞에서
인제부터인지 알 수 없는, 내게서 사라진 생의 환희가
전율하며 시퍼렇게 살아나고 있다

소중한 보물이 손끝으로 빠져나가는 듯
환희의 물결이 어둠 속으로 묻혀가고
이토록 내밀하고 찰진 바다 순천만이
하늘에 단풍드니
갯벌에 단풍드니
만산홍엽이라

행운의 열쇠

비린내 묻어나는 징소리 북소리

생애에 내게 허락된 공간은
그저 눕거나 일어설 수밖에 없는 곳
푸른 풀밭 위로 마음껏 달려보는 것은
늘 꿈속에서나 가능 했다

이제 내 머리는 넘실대는 푸른 바다를 바라보며
뱃전에 올라 고사상에 올려질 것이다
멀고 먼 풍랑길 태풍 세찬 파도 잡아주오
오대양 육대주의 지폐를 코에 박고 입에 물려주니
더 품위 있게 웃어야 한다
웃는 내 모습이 존경스러운가
저 높은 눈을 내리깔고 무릎 꿇고
무사 항해 만선을 기원한다며
번갈아 조아리는 머리를 내려다본다

한때는 버려진 것들이나
저들이 먹다 남긴 찌꺼기로 키워온

내 머릿속은 냄새나는 찌꺼기뿐
저들이 머리를 조아릴 때마다 멀미가 난다
잠시 기름졌던 웃음을 바다 심연 속으로 묻으며
행운의 키를 꽂는다

콜럼버스는 아직도 항해중 2

천千의 얼굴인 바다를 사랑한 사람
서아프리카 연안을 지나며 그를 생각해 본다

몇 해 전 람브라스 거리에서
유월의 오렌지 정원을 지나
장엄한 고딕 건축물 세비아 성당을 만났다
공중에 떠있는 그의 무덤 보았지

바다를 사랑한 죄로
태풍을 만나도
별 보기 좋은 밤이 올 것과
머지않아 어머니 미소 같은
등대가 보일 것을 알기에
그가 택한 관조적 삶이 영영
난바다 수평선을 열어가며
신세계를 향한 끝없는 항해는 계속 진행 중
만경창파 위 그는 지금 어디쯤 지나고 있을까

그의 탐험은
해양에 대한 상상의 도화선이 되어
불을 붙이고 있겠거니
바다 끝을 향하여

목젖으로 항해 해오는 바다

차진 경상도 사투리 속에
일출을 닮은 문어들이
수평선 밖을 기어 나와
들썩이는 어시장 바닥을 훑고 다닌다

닿는 곳마다 단추를 채우며
발가락 발끝마다 잡아채는 저 힘
무엇이고 삼킬 듯 끌어당기는 관습
관습이 식을 줄 모른다

그러나
뜨거운 열탕 속에서는 그도 어쩔 수 없이
봉인된 관습을 해제하고
한송이 붉은 꽃으로 내려놓는다

그 탄력의 시간
무한의 탐욕은
잡을 수 있을 때의 순간인가 보다
더 이상 모래 한 알도 잡지 못한 채
세상을 통째로 버리는 순간
힘의 아성이 무너져 내리고
바다는 목젖으로 항해 해오고 있다

널배

벌교에 사는 용선 어매를 만나 갯벌의 등을 탔다
용선 어매는 눈감고도 잘 타는 질퍽질퍽한 그 등을
나는 수십 번 넘어지면서 오뚜기처럼 일어났다

마치 구멍 속에서 불쑥불쑥 나오는 장뚱어처럼
꼬막을 바닷물 퍼 담듯 바구니에 담는 용선 어매는
눈감고도 널배를 타고
따라 타는 나는
썰물처럼 밀려 나가는 훈련생처럼 탔다
바다를 알기 전에 알았다는 용선 어매를 어찌 따를라고

그 까짓것 할 수 있겠다고 따라나섰다가
오살나게 힘들어 웃다가 빠져나온 널배는
눈물 나도록 타야 몸에 붙는다는 것을
널배 위에서 세월을 타는 것을 보며
알았다, 어슴프레

혼자 떠밀려 내려가는 널배를 본다

북극, 어머니 가슴

빙하가 떨어지는 소리가 난다
날카로운 비명에 잠들지 못하는 북극
수면의 얼음 덩어리에 심장이 차다
살아야 한다
더워지는 지구의 머리를 식혀야 한다

만년설의 눈물이 멈추지 않는
속수무책의
뭍의 행위에 대한 분노이다
낮아져서 살고 있는
바다의 가슴

죽음의 두려움이 한시도 끊어지지 않는
북극의 고독을
수시로 포효하는 빙하의 그 엄청난 슬픔을
아무리 멀리 있다 하여도 들어야 한다

바다여, 셀 수 없는 아픔을 견디고 산
나의 어머니, 나의 어머니 가슴
북극의 빙벽처럼 무너지는 쓰라린 고통 하나
내가 아니었기를

해금강의 아침

갈매기가 소란스레 새벽을 물고 와
방안 가득 쏟아 붓는 갈곶리의 아침

고깃배를 에워싼 갈매기의 날갯짓이
일출에 눈부시다
지난 밤 몸부림치던 바다,
그 속살이 궁금하여
언덕길을 동동거리며 내려간다

폐교 앞에서 멈춘 발걸음
운동장 담벼락에 서서
물빛 닮은 달개비를 본다
돌 틈 사이로 칡꽃이 피고
갯맷꽃이 피어
갈맷빛 폐교의 얼굴을 씻어내고 있다

바다는 지난밤의 갈등은 잊은듯
해금강 자락이 달개비 빛으로 출렁이고 있다

그녀가 행복할 때

팔순이라는 세월의 강을 건너면서
이제 그에게 맑은 날은 없는 것일까
전화 하면, 늘 비가 와서 못 나간다고 한다

폭염 속에서도 춥다며 겨울 옷을 입고
게이트볼 구장에 오는 그녀
그녀, 스틱만 잡으면 온 구장을 날아다닌다
누구도 따라갈 수 없는 신공이 된다

젊은날의 신바람나는 춤 솜씨도 보여주며
가슴속 숨겨둔
무지개를 살짝 펼치며 행복해 했다
그는 어디쯤에서 기억의 회로가 고장 났을까
지하 단칸방에 살면서 늘 비가온다는 그녀는
내면으로 흐르는 빗물에 늘 젖어 있나보다
어떤 절망으로 늘 비가 오는 것일까

그녀의 딸은 엄마를 요양병원에 보내면서
다시는 아무도 전화를 못 하게 했다
구장에서 행복해 하던 모습 어디로 전송되었을까

소금꽃 향기

바다에는 염부가 사랑하는 여인이 있다
그녀는 상처가 많아
그 상처가 잘 아물 수 있도록
염부는 바다의 몸을 열고
바람과 태양,
수천 개의 달과 수천 개의 별을 담아
염부의 눈물이 경經이 될 때까지
오직 그녀를 만나겠다는 염원으로
염원으로,
바다를 밀고 또 민다
애착이 신념이 되어버린 염부의 눈썹에
하얗게 피어나는 그리움

그리하여 그녀가 자신이 바다라는 것을
잊어갈 때쯤
드디어 만날 수 있다
그녀는 하얀 보석을 반짝이며 얼굴을 드러낸다

염부의 미소 속에 스며드는
바다의 눈물이
바다의 아픔이
세상의 식탁 위로 하얀 꽃이 되어 내릴 때마다
나비의 날갯짓처럼 사뿐거리는
소금꽃 향기

오대양의 갈증

코로나의 긴 환란은
오대양 육대주의 목젖을 눌렀다
긴급재난 비상령이 내려지고
하늘 길도 바닷길도 빙하로 덮혀
지구는 지금 빙궁 속에서 극지 탐험 중이다

항구마다 포박당한 배들은 의지와 상관없이
불어오는 폭설만 삼키다가
수면 위로 떠다니는 뉴스의 부빙 속에서
바다가 감각을 잃어 가기 전에

쇄빙선을 띄워
죽음의 빙반을 깨트려야 한다
살아 펄펄 뛰던 바다
절망에서 기원으로 움켜쥔
거친 손 검은 얼굴 굽은 어깨
하나님 기억하소서!

컨테이너를 싣고 유유히 지나가던
상선의 포말이 그리운 해양을 향해

적막한 수평선만 떳다 가라앉았다 채찍질만 해대는
가자! 인도양으로
가자! 대서양으로
바다는 끝없이 출렁이고 싶다
바다 사나이들 끝없이 출렁거리고 싶다

해남 공룡 화석지에서 2

수평선을 삼킨 바람도 물결도
물결화석 속에서 숨을 멈추고 있다

발자국에 고인 눈물을 보며
공룡의 안부,
그가 남긴 속 깊은 유서 어디에 묻혔을까
우황리의 맑고 아름다운 신화의 땅에서
씨가 말라간 것들의 족적을 살필 때
사암砂巖은 나에게,
쓰라린 속내를 껴안지도 감추지도 말라한다
그저 벗어 버려라한다

그래,
백 년을 살아도 이 땅에 어떤 모습으로 남겨질까
해가 기울고 달이 차오르는
석양 길 걷고 있는 길손들아
살아있는 모든 것은 풍화 되고 있다

가슴 저 밑바닥으로부터
타레가의
"알함브라궁전의 추억" 기타 음률이 들려온다

패랭이꽃

한겨울
어떻게 살았냐며
파르르 떨고 있는 한 생명을
노신사가
내게 내려놓고 떠난다

그도 외로운 사람
쓰라린 세월을 알기에
벌판에서 떨고 있는 풀 한 포기에
마음 아팠을까

그렇게 침묵은 흐르다가
유월의 햇살아래서
자신을 알리는 몸짓
그동안 얼마나 말을 하고 싶었을까
입술을 동그랗게 하고 웃고 있다
햇볕 속으로 자신을 퍼 올리고 있다

기억하나 소환하다

첫아이를 안고
지족바다가 품은 우주 속으로
난생처음 들어갔었다
대나무 어사리에는
은빛물결의 생명들이 모여 있어
내게 신천지의 문이 열렸다
새우가 튄다는 것
주꾸미가 물을 뿜어내고
새까만 홍합이
붉은 몸을 가졌다는 것
개불이 수염을 가졌다는 것
나이 스물네 살에
나는 그때 알았다
매운탕을 끓이고 회를 뜨면서
바보 허물을 바닷물에 조금씩
벗겨 내고 있었다.
40년이 지난지금
죽방렴 풍경을 더듬어 본다.

나의 삶 나의 문학

비누거품처럼 사라져가는
시간 속 눈물이
가슴에 남아 반짝 일 때
그 빛 따라 바람으로 꽃을 피워야 하는 삶
사시사철 자연 속에서
풀들이 뱉어내는 언어를
내 젖은 가슴으로 받아쓰고 있다
나목들이 바람에 흔들리며
아무리 힘들어도
한 알의 열매를 포기 하지 않듯
나 또한
그 속에서 언어의 살점들을 건져 올린다.
내 안에서 일어나는 수 천 개의 바람소리
그 속에서 자유 하는 것은
세상의 것들이
아무리 좋아 보여도
세월 지나면 다
사그라진다는 것 깨달음이라
메시아 다윗의 자손이시여
어리석은 영혼이
어둠속에서 헤매지 않게 하소서
구원의 빛이 시여 인도 하소서

두메 쓴냉이꽃

새소리에 태어나
물소리에 자라난
두메 쓴냉이는 금빛 이다
숲속의 별 같다
내 심향의 꽃,

쓰디쓴 심장으로
심산을 밝히고
곡수를 물들인다

얼굴을 마주하면
청아한 새소리가 들리고
곡수의 수심가도 들린다

찔레장미와 매미

자지러질 듯
비명을 지르며 방안으로 들어오는 매미 소리

매미들은 언제 찔레장미 가슴을 훔쳐봤을까
어둠도 태워 녹일 듯
8월의 태양을 다 삼켜
속살까지 잘 익은 숯불처럼 불타는
장미의 속살과 매미
뜨겁다

어떤 간절함이 심장을 돌고 돌아
저리도 뜨거울까
소나기 내리면 하늘을 뚫을 듯
청춘을 연주한다

내게도 저런 청춘이 있었지
내게도 저런 열정 있었지

할머니의 줌치

겨울이면 사과나 무를 숟가락으로
잘도 파서 드시던 할머니

할머니 줌치 속엔
이야기보따리가 별만큼 들어 있어
밤마다 장화홍련이 다녀가고
밀양아랑이 다녀가고
콩쥐팥쥐도 다녀갔다

하늘천 따지 검을현 누를황
하품해 가며 할머니 천자문 가르침에
밤은 깊어가고
잠결에 듣던 할머니 기침 소리까지
할머니 줌치 속에 살고 있었다

할머니께서 만들어 주시던 풀각시, 풀향기까지
할머니 줌치 속에 들어있어
이제 만나지 못한다

겨울 밥도둑을 찾아가다

동해 칼바람 속 1월이 오면
동장군이 만들어낸 참맛
대게는 날이 추워질수록 살이 꽉 찬다
홀게는 따로 표시를 해 가며
장장 9시간의 조업이 끝나고
어판장에서 다리가 떨어진 대게랑 홀게를 챙겨
집에 와서 회로 먹고 또 쪄서 사나흘 해풍에 말려
천연 조미료 해각포를 만들어 두고두고 먹는다

홀게는 부드럽다
살이 덜 여물어 장조림에 일등공신
게장 무침으로 일미 중의 일미다

뻘밭에서 건져 올린 새우나 고둥을 곁들이는
대게 해물탕은 칼바람을 게눈감추듯 한다
이때면 청어 과메기 철이기도 하다
얼었다 녹았다 청어 꽃이 피는 것이다

과메기 초무침 과메기 초밥으로
어민들은 칼바람 속 봄을 맞는다

작품해설

인간에 대한 연민과
생의 본질에 대한 사색

박정선
(문학평론가)

인간에 대한 연민과
생의 본질에 대한 사색

박 정 선
(문학평론가)

1

　바다는 무한의 세계에서 사람의 행위를 받아들이면서도 매우 엄중하다. 그래서 삶이든 문학이든 바다를 꿈꾸는 자는 대범하다고 할 수 있다. 바다라는 공간은 시작은 있으나 끝은 무한대이기 때문이다. 바다에 대한 은유와 상징은 더욱 은밀하고 미묘하기 때문이다. 그러나 분명한 것은 바다는 즉 해양문학은 바다가 원형적 상징을 이루고 있듯이 인간의 원초적인 삶과 영혼을 담지하고 있다는 사실이다.
　양윤형 시인은 그걸 알아차린 것이다. 양 시인은 이번에 대대적인 바다 문학에 집중했다. 편편이 생명의 창조, 바다와 인간의 만남을 보여주고 있다. 그것은 화려한 수식이 필요 없는 곡진한 서사를 바탕으로 한다. 바다가 낳은 결정체인 소금의 향기처럼, 바다는 소금을 낳기 위해 작열하는 태양 아래 여름 내내 연단을 거쳐야 하고, 그것은 바다 사람들의 삶을 은유한다. 그리하여 소금과 섬사람들의 삶이 세상에 주는 것, 짭쪼롭한 맛과 향기는 살아있는 것들의 부패를 막아주는 것으로 확장된다.

그것이 곧 시다. 일찍이 사르트르가 강조한 대로 시는 세상의 부패를 막아주는 소금의 향기인 탓이다. 따라서 양 시인의 제6집은 해양문학이라고 명명해야 한다. 시집 80퍼센트 이상이 바다를 대상으로 하기 때문만은 아니다. 바다에서 시를 건져 올리는 일은 바다에서 삶을 건져올리는 바닷사람들과 마찬가지로 녹록지 않다는 것 때문이 아니라, 그의 시에는 바다의 숨결과 바다 사람들의 숨결이 서로 하나를 이루고 있기 때문이다. 그것은 곧 시의 생명일진데, 바다라는 공간은 외연과 내연으로 나누어 생각할 수 있고, 외연은 밖이라는 의미로 연장延長을 의미하며 내연(내포)은 안으로 확장되는 의미를 갖는다. 바다의 외연은 가시적인 항해의 공간으로써 항해의 목적과 항해로 인해 확장되는 범위를 담지한다. 그리고 내연은 마치 대지처럼 잉태에 따른 생산으로 생성되는 확장을 의미한다. 이와 같은 바다의 이중성은 인간의 삶을 은유하며 무한한 상상력을 불러 일으키는 공간이다.

양 시인의 시집 『소금꽃 향기』는 이런 맥락에서 읽힌

다. 인간과 바다의 세계에 대한 천착이다. 바다가 사람을 살리고 사람이 바다에 의지하여 살아가는 곡진한 삶을 포착한다. 표제 '소금꽃 향기'는 소금을 꽃으로, 소금의 짠맛을 향기로 은유한 상상력이다. 그러나 여기에서 말하는 향기는 짭쪼롬한 맛의 세계를 훨씬 뛰어넘는다. 우리는 이쯤에서 바닷물이 왜 짠 것인지에 대한 의문을 품고 다음 작품을 읽어야 한다.

> 바다에는 염부가 사랑하는 여인이 있다
> 그녀는 상처가 많아
> 그 상처가 잘 아물 수 있도록
> 염부는 바다의 몸을 열고
> 바람과 태양,
> 수천 개의 달과 수천 개의 별을 담아
> 염부의 눈물이 경經이 될 때까지
> 오직 그녀를 만나겠다는 염원으로
> 염원으로,
> 바다를 밀고 또 밀 민다
> 애착이 신념이 되어버린 염부의 눈썹에
> 하얗게 피어나는 그리움
>
> 그리하여 그녀가 자신이 바다라는 것을
> 잊어갈 때쯤
> 드디어 만날 수 있다
> 그녀는 하얀 보석을 반짝이며 얼굴을 드러낸다

염부의 미소 속에 스며드는
바다의 눈물이
바다의 아픔이
세상의 식탁 위로 하얀 꽃이 되어 내릴 때마다
나비의 날갯짓처럼 사뿐거리는
소금꽃 향기

- 「소금꽃 향기」 전문

  바다는 언제나 그 정도로만 짜다. 아무리 홍수가 지고 강이 무너지고 땅이 꺼져도 바닷물은 항상 그만큼만 짜다. 과학적으로 그것을 항상성이라고 하지만 바다는 자기 중심을 지키려는 자기애라고 할 수 있다. 언제든지 그대로인 중심, 그리고 시인은 이것을 사랑에 대한 항상성으로 보고 바다가 품고 있는 소금을 염부의 사랑으로 상징한다. 소금은 바닷물이 낳은 결정체이다. 결정체는 연단과 시간과 인내가 필요하다. 한 가지 예를 들면 불교에서 주로 사용하는 것으로 석가모니의 몸에서 나왔다는 사리舍利라는 것이 있다. 평생 혼신을 바쳐 불도를 닦는 고승들이 타계했을 때 화장을 하게 되고, 그때 유골에서 나오는 결정체를 일러 사리라고 한다. 바닷물도 자기 몸을 태양의 불에 태워 낳은 것이 소금이다. 따라서 시인은 소금을, 아니 바닷물을 의인화하여 염부가 사랑하는 대상으로 그리고 있다.

  염전은 말 그대로 소금이 나는 밭이다. 대지에서 싹이

나듯, 염전에서 소금이 난다. 그렇다면 바닷물은 소금의 씨앗일 터, 농부가 알곡을 얻기 위해 한여름 뙤약볕 아래 김을 매는 것처럼 염부는 소금을 얻기 위해 밀대로 부지런히 소금밭에 가두어놓은 바닷물을 밀어야 한다. 그냥 미는 것이 아니다. "수천 개의 달과 수천 개의 별을 담아/ 염부의 눈물이 경經이 될 때까지 / 오직 그녀를 만나겠다는 염원으로/ 염원으로, / 바다를 밀고 또 민다"는 진술은 비단 염부의 염원만이 아니라 바다의 염원이기도 하다. 따라서 "애착이 신념이 되어버린 염부의 눈썹에 / 하얗게 피어나는 그리움"이라는 상상의 세계가 펼쳐질 수 있는 것이다.

그런데 시인은 "그녀는 상처가 많다"고 진술한다. 그렇다 바다는 상처가 많다. 크고 작은 수많은 바람에 시달리면서 수많은 파도를 일으켜야 했고, 수많은 삶이 바다를 스쳐 갔다. 그래서 상처는 곧 짠맛, 소금을 은유한다. 비로소 세상에 나와 식탁 위에 뿌려진 소금의 향기는 곧 바다와 염부의 눈물을 함의한다.

2

그런데 바다는 어쩌다 지구상에서 가장 낮은 곳, 깊은

곳이 되었을까, 구약성서 창세기 제1장 1절에서 10절까지를 보면 땅과 바다를 만든 과정이 자세히 묘사되어 있다. "태초에 하나님이 천지를 창조하시니라"를 시작으로 하나님이 가장 먼저 빛을 만들어내면서 빛(낮)과 어둠(밤)이 구별된다. 두 번째는 물 가운데 ①궁창이 있어 물과 물로 나뉘게 한 다음 다시 ②궁창을 만들어 ③궁창 아래 물과 ④궁창 위의 물과 나뉘게 하여, ⑤궁창을 하늘이라 부른다. 그리고 천하의 물을 한 곳으로 모이게 한 다음 뭍(땅)을 드러나게 한다. 그런 다음 뭍을 땅이라 부르고 모인 물을 비로소 바다라 불렀다.

이와같이 창세기 신화에는 궁창이 다섯 번 나오고 물이 일곱 번 나오는데 맨 처음 과 맨 나중은 물이다. 또한 맨 처음의 궁창도 물이며 두 번째 궁창부터는 하늘이다. 그리고 현대 과학에서 바다가 지구의 70퍼센트를 차지하고 있다고 하는데, 자크 브로스의 『나무의 신화』를 보면 지금의 산들은 모두 바다가 품고 있었던 것들이다. 바닷속의 식물들이 물 밖으로 나와 빛을 만나면서 녹색으로 변하게 된 것이다. 그러니까 창세기에 기록되어 있는 대로 지구는 물속에 잠겨 있었고 물이 즉 바다가 30퍼센트가 줄어들어 뭍이 된 것이라고 할 수 있다. 따라서 지구에서 가장 낮은 곳인 바다는 어머니의 자궁처럼 인간을 위한 생명을 품고 있다. 이런 맥락에서 플라톤은 바다를 사물이 존재할 수 있는 '모태'와 같은 개념으로 보았고, 문학에서 물의 모임인 바다를 모태로 상징하는 것은 플라톤에서 비롯되었다.

그것은 신의 배려이다. 만약 바다를 인간이 쉽게 침범할 수 있는 공간이었다면 바다는 더 이상 인간의 생존을 위해 존재하지 못했을 것이다.

그리고 신은 바다를 미지의 세계로 남겨두었다. 과학이 첨단을 달리는 시대라 할지라도 AI에 이어 앞으로 어떤 과학이 출현한다 하더라도 바다는 미지의 세계로 남을 수밖에 없다. 그것은 신의 영역인 탓이다. 따라서 인간은 땅을 지배하지만 바다는 어떤 과학으로도 지배하지 못한다. 그래서 바다는 인간을 지키는 지구의 마지막 보루로 남아 있을 수 있는 것이다. 그리고 우리는 다만 외연의 세계에서 일어나고 있는 것만 인식할 뿐이다.

양 시인은 관찰자가 되어 바다에 등을 기대고 살아가는, 그러나 날마다 위태한 삶을 살아가는 바다 사람들을 통해 바다와 인간이 만나는 숙명 같은 현실을 조명한다. 그들의 바다에는 해녀의 숨소리, 아버지의 숨소리가 살아 있다. 떠날 수 없는 바다, "태어날 때부터 뼈로 익힌 멀리 / 혼절을 반복하며 살아가는"(「바다의 자식」) 그들을 양 시인은 연민의 눈으로 바라본다. 거기에는 "천당과 지옥을 오가며/ 몸으로 읽었던 바다"(「아버지와 아들」)처럼 황천

항해가 일상인 아버지와 아들이 있고 물속을 더듬는 해녀들의 휘파람 새 같은 숨비소리가 있다. 거기에는 더욱 짙은 소금꽃 향기가 존재한 것이다.

  ① 평생을 텃밭 같은 바다에서 살아온
     노인의 눈 속에 살고있는 바다
     젊은 날 하루에도 서너 번
     천당과 지옥을 오가며
     몸으로 읽었던 바다
     별을 만나고 일출을 만나며
     만선으로 뱃머리에 오색 깃발을 꽂고 풍장을 치며
     선창으로 들어오곤 했던 추억
     이제는 늙어 두려워진 바다
     바다가 깨어나기 전에
     거기로 나간 아들을 기다리는 손끝이 떨린다
     가슴 졸이며 햇볕에 반짝이는 바다만 바라보다
     눈 끝 주름이 올라가며 밝아진다

     아들의 배가 들어오고 있다
     어창에서 팔딱거리는 숭어를 그물에 옮겨 담는
     자신을 속 빼어 닮은 아들은
     바닷속을 읽어내는 눈빛까지 닮았다

                                 - 「아버지와 아들」 중에서

  ② 태어날 때부터 뼈로 익힌 멀미
     파도 위에 시린 발 내려놓고
     혼절을 반복하며 살아가는 것이다

눈 감으면 대숲에서 일어나는 바람 소린 듯
미명 귀들의 신음 소린 듯
날을 세우고 달려오는 바람 속
자맥질을 하거나
풍선처럼 물 위에 떠 있거나
더러는 바위에 앉아
젖은 가슴으로 햇살을 품는다

썰물과 밀물로 떠다니는 허망함과 환상
바람 속에 부대끼며 파도를 밀치며
낙하하는 깃털 속 두근거림이거나
꽁지깃의 자맥질에 대하여
삶의 모서리에 설 때마다

그 속에 각인되는
깊고 푸른 비상의 욕망은
본능적이다
바다의 허공을 향하여

- 「바다의 자식」 전문

「아버지와 아들」에서는 "이제는 늙어 두려워진 바다"를 바라보며 대를 이어가는 아들의 삶을, 「바다의 자식」에서는 "태어날 때부터 뼈로 익힌 멀미"를 "혼절을 반복하며 살아가는" 삶을 그리고 있다. 아버지는 "젊은 날 하루에도 서너 번 / 천당과 지옥을 오가며 / 몸으로 읽었던 바다"였지만 "이제는 늙어 두려워진 바다"가 되었다. 그리고 아들이 다시 아버지처럼 바다에서 살아간다. "아들의 배가 들어오고 있다"는 진술은 포구에 나가 아들의 배가 들어오기를 기다리는 아버지의 목마른 기다림이, 아들의 배가 들어와야 비로소 안심이 되는 아버지의 부성애를 보여준다. 아버지와 아들은 바다를 보는 눈이 닮아있다.

그런데 하루에도 서너 번씩이나 천당과 지옥을 오가는 바다로 아버지는 왜 아들을 보내야 했을까. 그것은 그들 부자의 의지라기보다 바다의 부름이다. 곧 숙명이다. 「바다의 자식」 첫 행에서 "태어날 때부터 **뼈**로 익힌 멀미"라고 진술한 대로 태어날 때부터 **뼛속**으로 익힌 바다이기 때문이다. 따라서 아버지와 아들은 바다의 속성을 잘 알고 있다. 바다는 함부로 바라보는 곳이 아니라는 것, 그러나 바다는 지켜준다는 것을 믿는다. 그렇다. 그들에게 바다는 엄한 아버지이면서 믿고 의지할 수 있는 아버지이다. 즉 그들은 바다의 자식들이며 바다는 그들을 키우는 어버이인 것이다. 따라서 ①과 ② 두 작품은 미묘하게도 마치 한 작품처럼 연결된다. ②는 ①의 후속 작품이라 해도 좋을 듯하다. "평생을 텃밭 같은 바다에서 살아온" 바다는 이제 "노인의 눈 속에 살아있는 바다"가 되어있지만 노인의 분신일 수밖에 없다. 그래서 "눈 감으면 대숲에서 일어나는 바람 소린 듯/ 미명 귀들의 신음 소린 듯/ 날을 세우며 달려오는 바람 속"(「바다의 자식」)에서 젊은 시절을 자맥질하거나 "풍선처럼 물 위에 떠 있거나/ 더러는 바위에 앉아/ 젖은 가슴으로 햇살을" 품고 앉아 지난날 젊을 때의 욕망을 추억할 수 있는 것이다.

3

모두에서 언급한 대로 바다라는 공간은 외연과 내연으로 나누어 생각할 수 있고, 바다의 외연은 항해의 공간으로 내연은 대지처럼 잉태에 따른 모태, 즉 생산의 공간이다. 어로는 외연이든 내연이든 모두 바다가 키워놓은 생산물을 수확하는 일이다. 수확하는 방법은 두 가지가 있다. 하나는 앞의 작품 ①, ②처럼 외연적인 방법으로, 또 하나는 물속으로 들어가 직접 생산물을 수확하는 방법이다. 물론 두 번째 방법은 수확물의 성격이 다르다. 바위에 붙어 있는 것은 바다 위에서 그물로 수확하는 것이 불가능하다. 따라서 반드시 물속으로 잠수해야만 바위에 붙어 있는 생산물을 취할 수가 있다. 그런데 외연의 바다에서 그물로 어로를 하는 사람들은 대부분 남자들이라면 직접 물속으로 잠수하는 방법은 해녀라고 부르는 여성들이다. 다음 작품을 보자.

한글 자모보다 먼저 배운 물질
일곱 살 때부터 바다는 분신이 되었다

사람 속보다 먼저 사귄 바닷속은 훤하여
낡은 망사리만 메고 가도
바다 낱낱이 채워 오르는 휘파람새가 되었다
목젖까지 차오른 외마디 숨
영혼을 부르는 것 같은 바람꽃 피워내며
<u>칠성판</u> 등에 지고
삶의 탯줄같이 허리에 감긴 납덩이
한 생을 끌고 유목민처럼 이국땅 물속까지
날 선 바다 떠돌던 대물림
어머니와 어머니의 어머니
바닷속은 새날 오면 다시 새살이 돋아
언제나 그랬듯이 푸른 기색 그대로인데
뭍의 가난은 왜 그리도 여물든지
이어도 불 턱에서 시린 관절 데울 때는
숨비소리만 갈, 갈. 갈, 훈장인 양 몸에 지녔다
그래도 삼대의 여인들은
베지근한 몸국 한 사발로 웃는다

울컥거리는 수평선 위에 구름 한 송이 걸어두고
태왁에 어질 머리 기대인 채 잠시
마음 한 자락 달래며
숨비소리로 짠물 벤 바람을 건져 올린다
삼대가 낙찰한 바다 위에서 철없이 보채는 갈매기들

　　　　　　　-「바다를 낙찰하다」 전문 / (밑줄 강조 인용자)

"한글 자모보다 먼저 배운 물질"이라면 태어나 말보다 먼저 물질을 배웠다는 것을 말한다. 말문을 트기 전에 물질부터 배워야만 하는 현실을 말해준다. 그녀들을 일러 일명 해녀들이라고 부른다. 해녀는 말 그대로 바다의 여자라는 말이 되겠다. 앞의 두 작품에서는 바다의 아들이었다면 이번에는 바다의 딸인 것이다. 바다는 그녀들의 대지이고 어머니이다. 따라서 「바다를 낙찰하다」는 곧 바다와 내(해녀)가 하나라는 것을 의미한다. 해녀들은 다만 잠수복을 입었을 뿐, 아무 장비도 없이 테왁이라는 바구니 하나만 옆에 끼고 맨몸으로 바닷속을 누빈다. "칠성판 등에 지고/ 삶의 탯줄같이 허리에 감긴 납덩이" 같은 삶을 지고 물속을 더듬는 것이다. 칠성판은 관 바닥에 까는 널 조각으로 북두칠성을 본 따 일곱 개 구멍을 낸 것을 말한다. 곧 목숨을 내놓고 바다에 든 것을 함의하고 있다.

  그러나 해녀들은 그만큼 바다와 밀착하면서 바다와 교감하게 된다. 몸으로만 밀착하는 것이 아니다. "사람 속보다 먼저 사귄 바닷속이 환하여" 바다와 감정을 교환한다. 바다는 해녀들의 어머니가 되어준다. 그래서 "바닷속은 새날이 오면 다시 새살이 돋아 / 언제나 그랬듯이 푸른 기색 그대로"이다. 그러나 "뭍의 가난은 왜 그리도 여물든지"라는 진술은 끝나지 않는 가난을 한탄한 것이다. 그래서 해녀들은 할머니의 할머니부터 딸에게 대물림 하면서 바다를 분신으로 삼아 살아가는 것이다.

공기가 차단된 깊은 수심에서 오랜 시간 숨을 참아야 하는 해녀들의 "목젖까지 차오른 외마디 숨"은 마치 한 마리 바닷새처럼 바다에서 물 위로 솟아오르면서 퍼내는 휘파람 같은 소리를 낸다. 그것은 해녀들의 영혼이 피워 올린 바람 꽃이다.

4

궁극적으로 양 시인은 바다와 인간의 만남을 그리고 있다. 인간과 바다의 만남은 평범하지 않는 이야기로 만나게 되며 그것은 그리스 시대부터 신화와 문학으로 표현되어 왔다. 그리고 우리는 문학에서 이야기를 서사라고 칭한다. 즉 어떤 역사나 스토리를 바탕으로 쓴 시를 말한다. 주지하다시피 시에 있어서도 고대로부터 그리스 시대 호메로스가 지은 『일리아스』, 『오디세이아』 등 많은 서사시가 있다. 우리나라 대표적인 서사시는 김동환(1901-1958)의 『국경의 밤』(1925), 김지하(1941-2022)의 「오적」(1970) 등이 있다. 특히 김지하는 스스로 「오적」을 담시譚詩라고 명명한 바 있다. 그리고 현대로 들어와 세인트루시아의 시인 데릭 월코트의 장편 서사시 『오메로스』가 등장했다. 데릭 월코트(Derek Walcott : 1930- 2017)의 『오메로스』

는 1992년 노벨문학상을 수상한 작품으로 무려 408면(7부 64장)을 가진 장시로서 대 서사시의 면모를 갖추고 있다. 서사는 반드시 등장인물들이 존재하며 이들은 서로 관계성을 가지면서 사건을 이끌어가야 한다. '오메로스'는 고대 그리스의 서사시인 호메로스의 현대적인 그리스 이름으로, 이 작품에서 오메로스는 『일리아드』, 『오디세이』의 시인으로 설정되어 있다. 그러나 이 작품에는 고대 서사시에 나오는 신(神)이나 전쟁의 영웅들, 왕, 또는 귀족들이 등장하지 않는다.

작품에 나온 이름은 대부분 고대 그리스 영웅들의 이름을 땄으나 모두 영국의 식민지인 세인트루시아 섬에 사는 어부들이거나 서민들이다. 호메로스가 수 세기에 걸친 단편적인 그리스인들의 기억을 『일리아드』와 『오디세이』로 재창조한 것처럼, 월코트 역시 카리브해를 중심으로 수 세기에 걸쳐 일어난, 백인들에 의해 노예가 되어야 했던 옛 조상들의 원주민 역사를 보여준 것이다. 월코트는 『오메로스』에서 조국 세인트루시아 섬사람들이 겪었던 잔인하도록 슬픈 민족의 기억을 다양한 이미지와 은유로 창조했다.

이런 종류의 시를 일러 이야기 시, 즉 담시라고 부른다. 따라서 서사 문학인 소설처럼 시점의 문제가 제기된다. 즉 일인칭(나) 참여자 시점(주인공 시점과 관찰자 시점),

삼인칭(그) 시점(관찰자 시점과 주인공 시점), 그리고 이인칭 시점이 있는데 이인칭 시점에서는 "너, 혹은 당신"이 주인공이 되는 경우로 화자는 '당신'에 대하여 이야기를 한다.(소설에서는 이인칭 시점은 사용하지 않는다) 그러나 이야기 시라고 하여 소설처럼 하나의 주제를 중심으로 발단, 전개, 절정 과정을 거쳐 대단원에 이르지는 않는다.

양 시인의 이번 시집 『소금꽃 향기』는 단편이지만 담시가 대부분이다. 이 가운데 「남해 지족리 1」부터 6편까지 이어지는 연작은 전형적인 이야기체 형태를 이루고 있다. 먼저 작품의 일부를 보자.

> 섬에서 태어나 섬으로 시집 온 분례 엄마는 / 오십 평생 소고기 맛을 모르고 살았단다 / 우리 부부가 그 집 아래채로 이사 오면서 / 선물로 사준 소갈비를 받고 요리 할 줄을 몰라 안절부절 못한다 //그녀의 남편 김 씨는 / 노름으로 어선이 남의 손에 넘어가고/ 죄 없는 아내를 폭행하기 시작했다 / 먹을 것이 없어도 바다에 나가면 풍족해/ 아들딸 낳고 그럭저럭 살아왔지만/ 남의 집 과수 치맛자락 잡고있는 남편이 싫어/ 몇 번의 음독을 시도했다가 미수에 그치고 / 육지로 달아났지만 파락호 같은 남편 손에 붙잡혀 와 / 또 매를 맞았다 / 폭력에 찢기고 터진 속살 / 갈매기 울음소리만 가득한 가슴이 찢어진다
> // 내가 분례 엄마를 알게 된 것은 그때부터였다 / 새댁인 나에게 바다를 가르치며/ 조금씩 웃음을 보여주었다 / 남편이 섬마을 학교에 부임해 오면서/ 나는 난생처음 섬 살이를 시작한 것이다
>
> — 「남해 지족리 1」 중에서

남해 지족리는 경상남도 남해의 한 어촌마을이다. 화자인 나는 교사인 남편을 따라 부산에서 남해 지족리로 가 섬 생활을 시작하게 된다. 그리고 분례 엄마네 집 아래채에 세들어 살게 된다. 분례 엄마는 노름꾼인 남편에게 폭행을 당하면서 살아야 하는 불행한 삶을 살고 있다. 가족의 생계수단인 어선까지 놀음 빚으로 날려버린 남편은 그것도 모자라 과부들을 쫓아다니는 난봉꾼이기도 하다, 가족 생계는 다행히 바다가 있어 분례 엄마의 노력으로 이어져 간다. 그러나 남편의 폭력은 그치지 않고 이어지게 되고, 분례 엄마는 견디다 못해 음독 자살을 시도해 봤고, 육지로 도망을 쳐 보기도 했으나 남편에게 붙잡혀 와 노예처럼 살아간다. 그리고 화자(나)를 알게 되는데, 분례 엄마는 나를 알게 되면서 비로소 "조금씩 웃음을" 웃기 시작한다. 바다 외엔 위로받을 곳이 없었던 분례 엄마는 도시에 온 '나'에게 "바다를 가르쳐 주면서" 누군가에게 무엇을 가르쳐준다는 존재감을 비로소 느끼기 시작한 것이다.

> 오늘 분례 엄마는/ 갈치회를 가르쳐주려고 선착장에 나와 / 오른손을 이마에 수평으로 대고 어선을 살핀다// 날선 칼로 지느러미를 잘라내고/ 은빛 비늘을 긁어내면/ 막걸리에 몸을 씻겨/ 파들거리는 살을 떠낸다
>
> - 「남해 지족리 3」 중에서

> 분례 엄마와 오늘 바다로 가기로 했다 / 큰집 형님네 죽방렴으로 가기 위해 작은 목선을 타고 도착했다 // 홍합이 검은 성을 이루고 있는 바위 옆에서/ 주꾸미가 기어 다니고 대하가 튀고, 개불이라는 이상하게 생긴 것과 이름을 알 수 없는 물고기들이/ 물이 빠져나간 어사리에 갇혀 어시장을 이루고 있는 신천지/ 그녀는 내가 볼락이나 쏨뱅이를 만지다 가시에 찔릴까 / 홍합바위에 미끄러질까 걱정이 되어 나를 따라다니며 주의를 아끼지 않는다
>
> ー「남해 지족리 4」중에서

> 그녀는 내일도 바다에 나갈 것이다/ 바다에 가는 것은/ 바지락도 모자반도 망사리에 채워야 할 전복보다 / 갯바람이라도 맞아야 숨을 쉴 것 같아/ 바다가 깨어나기 전에 / 몸에 밴 물때에 따라 움직이는 것이다 / 그녀의 몸에 /바다가 살고 있다는 것을 / 나는 그때 보았다
>
> ー「남해 지족리 5」중에서

 분례 엄마는 도시에서 온 '나'에게 바다를 가르치기도 하고 또 바다의 위험으로부터 보호해주고 싶어 한다. 그것은 곧 희망을 암시 한다. 비록 바다가 분례 엄마의 분신일지라도 "그녀의 몸에 바다가 살고 있다" 하더라도 서로 마음과 마음을 소통할 수 있는 대상을 만난 것이다. 그리고 나는 섬을 떠나 30년이 지나간 후 다시 찾은 남해 지족리에서 분례 엄마와 해후한다. 30년의 시간은 분례 엄마의 삶을 바꾸어 놓았다. "남편은 바다 깊은 곳으로 떠나보내고 / 자식들은 모두 뭍으로 나가 살고 / 새끼를 다 떠나

보낸 고동처럼 / 혼자 말라가고 있었다"(「남해 지족리 6」)라는 진술은 분례 엄마의 쓸쓸한 고독을 말해준다. 폭력을 휘두르던 남편은 죽었고, 자식들은 모두 육지로 나가 살고 분례 엄마 혼자 남아있다. 그리고 나는 혼자 남은 분례 엄마가 이제는 홀가분하게 비로소 자신의 삶을 살 줄 알았는데, 오히려 그녀의 고독을 발견한다.

왜 그럴까. 오랜 시간 고통의 압제에 눌려 살다가 벗어났는데 왜 분례 엄마는 "새끼를 다 떠나보낸 고동처럼" 혼자 말라가고 있는 것처럼 화자의 눈에 비쳤을까, 물론 화자가 발견한 분례 엄마는 30년이라는 시간이 흘렀고 시간 만큼 늙어 있었을 것이다. 그리고 남편도 죽고 자식들도 떠나버린 채 혼자 있는 노인은 쓸쓸하게 마련이다. 그리고 분례 엄마의 젊은 시절 고난을 잘 알고 있는 화자의 눈에는 그렇게 비칠 수밖에 없다. 인간은 어떤 고통에 시달리다 마상 그 고통으로부터 벗어나게 되면 역반응 현상이 나타나게 되어 있다. 이유는 그 고통을 이겨내기 위해, 혼신을 바쳤기 때문이다, 모든 힘이 다 소진됐기 때문이다. 그리고 고통이 끝났을 때, 지금까지 버텨온 모든 힘(긴장)이 이완되기 때문이다. 그것은 허무로 다가오게 된다. 이제 더 이상 버틸 일이, 견딜 일이 없어진 것이다.

시인은 분례 엄마를 통해 그것을 말하고 싶은 것이다. 결국 모성이다. 모성은 그렇게 품었다가 보내는 것이며 그렇게 견디는 것이다. 마치 바다의 짠물, 항상성처럼 항상 제자리 중심을 지키고 있는 것이다. 분례 엄마 외에도 섬 여인들의 지난한 삶은 「내 이름은 간재미」의 "섬 집 아내는 아이를 출산하면 / 장도 앞바다에서 딴 미역으로 / 간재미 미역국 한 그릇에 산후조리도 없이 / 새벽에 잡아올린 물고기 머리에 이고 읍내에 나가 / 팔러 다녔던 모진 세월"에서도 드러나 있다. 그러나 시인은 "갯벌 위로 바스락, 바스락, 바닷물 스미는 소리가 인다 / 따스하게 희망이 자라는 소리다 / 바다는 종일 자갈을 비벼대고 / 눈물의 지느러미도 함께 움직인다"(「어부로 살아가는 일」)는 진술대로 바다를 희망으로 이끌고 간다. 그들의 삶을 따뜻한 시선으로 바라보려는 시인의 노력이 아름답다.

사실 바다는 두려운 대상이다. 바다에는 바람이 살고 있기 때문이다. 바람은 바다에서 일어나고 다시 바다로 돌아가 소멸한다. 따라서 도시인에게 바다는 낭만이지만 바다 사람들에게는 하루하루 생사를 걸고 살아가는 곳이다. 바다는 사람이 많은 도시 한가운데에 있지 않다. 사람과 많이 먼 곳, 육지의 마지막에 위치한다. 사실 삼면이 바다인 우리나라는 바다와 만나기가 무척 수월하다. 그런데 바다의 음성을 듣고 바다의 피부와 맞닿기는 어렵다.

양 시인은 그것을 시로 실행한 것이다. 즉 인간에 대한 연민과 생의 본질에 대한 사색이다. 바다의 결정체 소금꽃은 곧 바다의 모든 것을 하나로 모은 바다의 혼이다. 그것은 인간을 대신하며 시인의 정신은 거기에 있다. 앞으로도 따뜻한 시, 소금꽃 향기 같은 시가 계속 탄생되기를 기대한다.

양윤형 제6시집

소금꽃 향기

초판1쇄 발행 2025년 11월 20일

지은이 양윤형
펴낸이 이길안
펴낸곳 세종출판사

주소 부산광역시 중구 흑교로 71번길 12 (보수동2가)
전화 051-463-5898, 253-2213~5
팩스 051-248-4880
전자우편 sjpl5898@daum.net
출판등록 제02-01-96

ISBN 979-11-5979-827-6 03810

정가 13,000원

본 도서는 2024년 부산진문화재단 지원을 받았습니다.

이 책은 저작권법에 따라 보호받는 저작물이므로 무단전재와 무단복제를 금지하며,
이 책 내용의 전부 또는 일부 내용을 재사용하려면 사전에 저작권자와 세종출판사의
동의를 받아야 합니다.

* 잘못된 책은 교환해 드립니다.